BASTEI LÜBBE

Laurence Dreyfus
Béatrice Casanova

TAGEBUCH EINER GEISELNAHME

Aus dem Französischen von
Vera Thielenhaus

BASTEI
LÜBBE

BASTEI-LÜBBE-TASCHENBUCH
Band 61417

Originaltitel: CHRONIQUES D'UNE PRISE D'OTAGES

Printed in Great Britain, August 1998
Einbandgestaltung: Manfred Peters
Titelfoto: Jean-Marie Mazeau
Satz: hanseatenSatz-bremen, Bremen
Druck und Bindung: Cox & Wyman Ltd., Reading
ISBN 3-404-61417-8

Der Preis dieses Bandes versteht sich einschließlich
der gesetzlichen Mehrwertsteuer.

Für meine Großmutter
Für Constance und Virgile
Für Évelyne Lambert
Für die Kinder der »classe maternelle n° 8«,
anwesend am 13. Mai 1993

Vorwort

Laurence Dreyfus zögerte, dieses Buch zu schreiben. Sie redet nicht gern über die Geiselnahme von Neuilly[1]. Und sie weiß im übrigen auch fast nicht mehr, wie sie davon erzählen soll. Es fällt ihr schwer zu beschreiben, was sie in diesen 48 Stunden des Eingeschlossenseins durchgemacht hat.

Ich habe die Bekanntschaft mit Laurence nicht gesucht, damit sie mir von der Geiselnahme erzählt. Ich hatte kein Interesse daran, die Einzelheiten zu erfahren. Damals, 1995, bereitete ich gerade eine wissenschaftliche Studie über die Bedingungen vor, unter denen Journalisten – vor allem Fernsehjournalisten – arbeiten müssen, wenn sie vor Ort über ein wirklich aktuelles Ereignis berichten. Als Fallbeispiel hatte ich mir diese außerordentlich medienwirksame Geiselnahme ausgesucht. Ich schrieb also nicht über die eigentlichen Ereignisse, sondern über die Art und Weise, in der die Presse davon berichtet hatte und wie die Reporter ihrem Beruf nachgegangen waren. Sechs Monate lang hatte ich alles gelesen, angehört und angesehen, was damals gesagt und geschrieben worden war; außerdem hatte ich mit vielen der Journalisten gesprochen, die damals vor dem Schulzaun gestanden hatten.

Wir, Laurence und ich, hatten uns nur verabredet, um über die Rolle der Medien zu sprechen. Die Persönlichkeit der Kindergärtnerin[2] erschien mir interessant. Sie hatte sich geweigert, Interviews zu geben, und war vor der Presse geflohen. Sie hatte der Versuchung durch die Medien widerstanden.

Ich bat sie, mir bis ins kleinste Detail zu erzählen, auf welche Art und Weise die Presse sie bedrängt hatte. Ich wollte verstehen, wie es funktioniert, wenn man gegen den eigenen Willen zur »öffentlichen Person« wird. Dieses Thema lag auch ihr um so mehr am Herzen, als sich bisher keiner dafür interessiert hatte. Man sagte ihr immer wieder, wie mutig sie gewesen sei, redete ohne Unterlaß von der Geiselnahme. Doch dabei wurde weder die zum Teil exzessive Berichterstattung der Presse angesprochen, deren Opfer sie wurde, noch die bitteren und schmerzhaften Konsequenzen, die diese Berichterstattung für ihr Privatleben hatte.

Ich glaube, daß mir Laurence dankbar dafür war, daß ich ihr keine einzige direkte Frage zu Neuilly stellte. Im Gegenzug war das, was sie mir über die Medien und ihr Leben als »öffentliche Person« erzählte, höchst aufschlußreich. Das, was ich auf der Kehrseite der Medaille entdeckte, überraschte mich. Schon vorher hatte ich nicht bezweifelt, daß das Bild von der »mutigen Kindergärtnerin«, das die Presse geschaffen hatte, nicht einfach zu ertragen gewesen sein mußte, aber ich hatte mir nicht vorstellen können, wie sehr es sie belastet hatte. Laurence wollte, daß man davon erfuhr. Und sie wollte, daß man verstand, wie sie noch nach der eigentlichen Prüfung, die ihr die Geiselnahme auferlegt hatte, gelitten hatte, gelitten unter dem Mißbrauch, der mit ihrer Person getrieben wurde, und daß sie auch heute noch darunter leidet. Zu diesem Thema weiß sie eine Menge zu berichten.

Ich habe sie davon überzeugt, ein Buch zu schreiben, in dem wir die Geschichte bis ins kleinste Detail erzählen werden, und das aus verschiedenen Perspektiven: Aus der Perspektive der isolierten Welt des Klassenzimmers und aus der Perspektive derjenigen, die vor dem Schulzaun standen, dort wo die Journalisten ihrem Beruf nachzugehen versuchten. Für meine wissenschaftliche Studie hatte ich sehr viele Presseausschnitte gesammelt und mir alles angesehen, was das Fernsehen gesendet hatte. Viele Einzelheiten bekamen erst im Zusammenhang von Laurence' Erinnerungen einen Sinn. Der Vergleich ihrer eigenen Aussage mit den journalistischen Kurzmeldungen von damals enthüllt die Kluft, die sich manchmal zwischen der Berichterstattung in den Medien und der Realität auftut, und zeigt, auf welche Art und Weise die Meldungen in der Rubrik Vermischtes produziert werden.

Schließlich sprach ich auch die Geiselnahme selbst an. Laurence wollte, daß die Kinder von Neuilly eines Tages die Möglichkeit haben zu erfahren, was wirklich geschehen ist. Aber sie zögerte noch, denn sie befürchtete, daß ihre Erzählung allzu melodramatisch und vereinfachend ausfallen könnte und daß dabei andere, sehr wichtige Aspekte der Geschichte auf der Strecke bleiben würden. Wir wollten alles Pathos vermeiden. Also schlug ich ihr vor, eine Art Tagebuch zu schreiben, dessen Einträge jeweils eine bestimmte Erinnerung aufgreifen sollten. Einigen von diesen Einträgen liegen Bilder zugrunde, die sich ihr eingeprägt haben, anderen ein bestimmter Geruch oder der bittere Geschmack von Kaffee, ein Wort wie »Bote« oder ein Ausdruck wie »Großreinemachen«.

Wir trafen uns regelmäßig. Laurence erzählte mir jedesmal ein paar Augenblicke, kleine Abschnitte der Geschichte. Und so lernte ich die Wahrheit über diese Geiselnahme kennen, eine Wahrheit, die mit der, die ich vorher zu kennen glaubte, nicht mehr viel zu tun hatte. Die Medien hatten eine sehr romanhafte Version der Ereignisse geliefert. In diesem Buch bieten wir eine andere an.

Unsere Geschichte erzählt davon, wie komplex Gefühle sein können, wie man den Wahnsinn wahrnimmt, wenn man ihm begegnet; sie erzählt von Angst und Leiden, von den Mechanismen und den verschiedenen Interessen, die sich hinter einem dramatischen Ereignis verbergen. Und von der Ausbeutung unter dem Deckmantel des unantastbaren Rechts auf Information. Und auch wenn Laurence sich nicht mehr an alles erinnert, so ist doch das, was ihr noch im Gedächtnis geblieben ist, es wert, erzählt zu werden.

Die Erinnerung an die Geiselnahme war für Laurence immer noch schmerzhaft. Eines Tages bat ich sie, mir die Schule und ihre Klasse zu zeigen. Ich mußte den Ort des Geschehens kennenlernen. Anfangs weigerte sie sich. Sie beschrieb mir alles ganz genau und fertigte detaillierte Zeichnungen an, aber ich konnte mir das Klassenzimmer nie gut genug vorstellen, um es beschreiben zu können. Da ich darauf bestand, gingen wir schließlich dann doch noch hin. Und auch dort mußte ich wieder feststellen, wie schlimm es für sie war, zu ihrer alten Schule zurückzukehren. Sie blieb kaum drei Minuten mit mir in dem Zimmer, zeigte mir nur mit einer unbestimmten Geste die Ecke, in die der Mann sich zurückgezogen hatte, und den Ort, an dem die Kinder sich aufgehalten hatten. Dann ertrug sie es nicht mehr und ging hinaus, um ihren ehemaligen Kollegen einen Besuch abzustatten.

Laurence erzählte mir nur wenig von den Gefühlen, die sie im Laufe dieser vom Wahnsinn beherrschten Stunden durchlebt hatte. »Das ist schwierig zu vermitteln«, sagte sie. Trotzdem gelang es uns dank der Einzelheiten, die sich ihr unauslöschlich eingeprägt haben, nach und nach, alles zu rekonstruieren. Je mehr Laurence erzählte, desto besser gelang es mir, einen Eindruck von diesem Wahnsinn zu vermitteln, der sich des Klassenzimmers bemächtigt hatte. Der Gestank im Zimmer war wieder da. Das unglaubliche Chaos, das an diesem Ort herrschte. Und wie drekkig die Kinder waren. Wie alle gelitten haben.

Das Buch steht kurz vor seiner Vollendung, und Laurence fragt sich wieder einmal, ob es notwendig war, Zeugnis abzulegen. Sie ist beunruhigt, zögert. »Und wenn wir das Projekt einfach aufgeben würden?« schlägt sie mir manchmal vor. Das wäre schade; es gibt so viele Dinge, die noch erzählt werden müssen ...

Béatrice Casanova
Dezember 1996

I

Donnerstag, 13. Mai 1993

9.20 Uhr: Ein Mann in schwarzer Kleidung und mit einem Motorradhelm auf dem Kopf dringt in den Klassenraum Nr. 8 des Schulzentrums Commandant-Charcot in Neuilly-sur-Seine ein. Er besetzt das Zimmer und nimmt die 21 Kinder im Alter von drei bis vier Jahren und ihre Kindergärtnerin, Laurence Dreyfus, als Geiseln. Ausgerüstet mit einer Pistole und mit einem Bündel Dynamitstangen, droht er, »alles in die Luft zu jagen«, wenn er nicht 100 Millionen Francs[3] erhalte.

DRINNEN

Der Donnerstags-Bote

Ich mag den Donnerstag nicht. Der Tag befindet sich einfach am falschen Platz. Mitten in der Woche. Nicht nahe genug an dem Wochenende, dem man freudig entgegensieht, und schon zu weit weg vom vergangenen Wochenende. Für eine Kindergärtnerin, die noch dazu Berufsanfängerin ist, ist es oft der längste und schwierigste Tag.

Ich weiß nicht, ob er den Donnerstag mochte. Er sagte es mir nicht. Er drang an einem Donnerstag in das Klassenzimmer ein, in einem Moment, in dem wir eigentlich woanders hätten sein sollen.

Der Donnerstag: Das ist der Tag für unsere Gymnastikstunde, die am anderen Ende des Schulgebäudes stattfindet. Wie jeden Morgen begrüße ich meine Schützlinge im Klassenzimmer, und wir marschieren zu den Toiletten am anderen Ende des Flures. Dann heißt es die Höschen herunterziehen, einige Pos abwischen, ungefähr zwanzig Höschen und Hosen wieder heraufziehen, alle Hände waschen, und normalerweise sind wir kurz darauf schon auf dem Weg zum Gymnastikraum.

Doch an diesem Tag beschließe ich eine Programmänderung. »Kehrt Marsch, Kinder! Wir haben keine Zeit für unsere Turnübungen, es gibt Dringenderes zu erledigen: Bald ist Muttertag, und wir haben die Perlen für die Halsketten eurer Mütter immer noch nicht fertig ...« Also gehen wir zurück in die Klasse. Farbtöpfe, Pinsel, Schürzen, Perlen aus Salzteig. »Auf, auf, meine Küken, ans Werk!«

Genau diesen Donnerstag, genau diesen Augenblick wählte er aus, um in unser aller Leben zu treten. Man könnte sagen, daß er Glück hatte, uns überhaupt anzutreffen. Ich habe mich immer wieder gefragt, was er getan hätte, wenn er das Klassenzimmer leer vorgefunden hätte. Vielleicht wäre er ja wieder nach Hause gegangen, enttäuscht davon, daß schon ganz am Anfang seines Planes die Dinge nicht so liefen, wie er sie sich vorgestellt hatte. Keine Kindergärtnerin, keine Kinder, keine Geiselnahme ...

Vielleicht wäre er auch in das benachbarte Klassenzimmer eingedrungen, bei meiner Kollegin, und hätte seinen Plan dort durchgeführt? Dann hätten andere diese Geschichte erlebt, ein paar Meter weiter.

Noch heute würde ich gerne wissen, warum er sich ausgerechnet meine Klasse aussuchte. War es ihre Lage im Schulgebäude? Ohne Zweifel. Aber hatte er sich darüber informiert, bevor er herkam? Hatte er uns bereits vorher beobachtet, die Kinder und mich? Hatte er uns ausgewählt?

Mein Klassenzimmer ist ungefähr 40 m″ groß. Es ist ein großer, sehr heller Raum mit Blick auf die Bäume im Pausenhof, und er liegt im Erdgeschoß, ganz am Ende des Schulgebäudes. Die Räume der Verwaltung sind so weit entfernt wie von keinem anderen Klassenzimmer, und der Raum liegt generell sehr isoliert, auch abseits von den anderen Zimmern. Man kann ihn durch zwei Türen betreten: Die erste führt direkt auf den äußeren Hof, von dessen anderem Ende man durch das Schultor nach draußen gelangt; die zweite geht auf einen langen Flur im Inneren des Gebäudes, der zu den anderen Klassenzimmern führt, zum Speisesaal, zu den Toiletten, zum Lehrerzimmer ...

Die Kinder kommen jeden Morgen in Begleitung eines Elternteils durch die äußere Tür, diejenige, die auf den Hof führt. Auch wenn es nicht vorgeschrieben ist, schließe ich diese Tür manchmal ab, wenn alle Kinder da sind. Nicht regelmäßig. An diesem Donnerstag schließe ich sie nicht ab. Ich weiß nicht mehr, warum ich es nicht tat. Er wählte diese Tür, um mein Klassenzimmer zu betreten. Auch dabei hatte er Glück.

Er stößt die Tür auf und tritt in das Zimmer, ohne auch nur den geringsten Lärm zu machen. Ich habe ihn nicht kommen sehen, ich konzentriere mich auf die Halsketten, aber auf einmal spüre ich die Anwesenheit von jemandem und hebe gleichzeitig mit den Kindern den Kopf. Es ist ein merkwürdiger Anblick, lange Zeit ist kein Laut zu hören. Er ist groß und füllt den Raum aus, ohne sich zu rühren. Eine Silhouette völlig in Schwarz, gekrönt von einem großen Motorradhelm. Er trägt eine Tasche. Anfangs halte ich ihn für einen Boten, obwohl keiner der Boten jemals ein Klassenzimmer betritt. Aber irgend etwas muß man denken. Er holt eine Pistole hervor und richtet sie auf uns, und ich halte ihn immer noch für einen Boten. Wenn auch für einen sehr seltsamen Boten.

Einige der Kinder fangen an zu weinen, laufen voller Entsetzen zu mir hin. Andere bleiben dagegen sehr ruhig; die ungewöhnliche Erscheinung fasziniert sie. Sie ähnelt fast schon einem Comic-Helden.

Ich werde wütend und rede sehr laut auf ihn ein. »Was machen Sie in meiner Klasse? Verschwinden Sie! Sie haben hier nichts zu suchen!« Statt einer Antwort hält er mir ein maschinenbeschriebenes Blatt hin: »Dies ist eine Geiselnahme.« Ich verstehe nicht, was ich da lese, aber nun halte ich ihn nicht mehr für einen Boten. Ich habe Angst.

Ein Lied, das Angst macht

Am schlimmsten ist es am Anfang, als er noch nicht spricht. Er gibt mir seine Befehle, indem er kleine, nervöse, sehr präzise Zeichen mit seiner Pistole macht. Ich fühle mich unbehaglich, verstehe aber genau, was er will, und renne so schnell wie ich kann zur Direktorin. Zwei in Tränen aufgelöste, panisch schluchzende Kinder laufen hinter mir her. Im Büro der Direktorin suche ich stammelnd nach Worten, um das Unerklärliche zu erklären. Die Direktorin will mir nicht recht glauben, und ich muß zugeben, meine Geschichte klingt wirklich unglaubwürdig. Eigentlich sei das alles unmöglich, meint sie, und meine Panik erklärt sie sich mit meiner Unerfahrenheit. Zusammen kehren wir im Laufschritt zum Klassenzimmer zurück. Der Mann ist noch immer dort, steht neben den Kindern, die inzwischen von ihren Stühlen aufgestanden sind. Die Direktorin hält ihm einen kleinen Vortrag, sehr vernünftig und voller Autorität. Nachdrücklich erklärt sie ihm, daß er in dieser Schule nichts zu suchen habe und daß er sofort wieder verschwinden solle. Er antwortet ihr in seiner eigenen Sprache, reicht auch ihr ein maschinenbeschriebenes Blatt Papier. Wir lesen: »Geiselnahme, Tasche mit Sprengstoff, der alles hier dem Erdboden gleichmachen kann, kein Mitleid, bin entschlossen, alles in die Luft zu jagen, keine Polizisten, lassen Sie die Schule so schnell wie möglich räumen ...«

Doch die Bedeutung dieser Sätze dringt nicht bis zu uns durch. Die Direktorin fährt fort mit ihrer kleinen Rede. Um der Sicherheit der Kinder willen fordert sie ihn auf, sofort zu gehen. Anfangs scheint er ihren Worten gegenüber gleichgültig zu sein und reagiert überhaupt nicht darauf. Aber nach einigen Minuten hat er genug von unserer offensichtlichen Unfähigkeit, der Wirklichkeit dieser Geiselnahme ins Auge zu sehen; er bricht sein Schweigen und beginnt zu reden. Oder vielmehr zu brüllen. Er wird sehr autoritär und richtet seine Pistole nun auf die Direktorin. Sie sei es, die gehen werde, gibt er ihr unmißverständlich zu verstehen und holt eine neue maschinengeschriebene Liste mit Anweisungen hervor, die sie der Polizei übergeben soll. Sie nimmt das Blatt an sich und verläßt den Raum.

Ich bleibe alleine mit ihm und den Kindern zurück und sehe ihn mir näher an. Er trägt schwere schwarze Stiefel und eine dunkelblaue Lederkombi, die seinen großen und kräftigen Körper ganz einhüllt. Als er seinen Motorradhelm abnimmt, wird der Gesamteindruck noch furchteinflößender; darunter trägt er eine schwarze Maske, die nur Augen und Mund frei läßt. Er stellt seine große Tasche dorthin, wo wir unsere Salzteig-Halsbänder basteln, stößt grob die Stühle zur Seite, nimmt sich einen kleinen Kindertisch und fegt die darauf liegenden Perlen zu Boden. Dann leert er meine Farbtöpfe ins Waschbecken und verschiebt schließlich die Regale, so daß entlang der Mauer ein abgeteilter Raum von etwa acht Quadratmetern entsteht. Dort wird bis zum Ende der Geschichte sein Reich sein. Er setzt sich auf die Erde – später manchmal auch auf einen der Stühle – und holt einen ganzen Haufen Papier hervor, den er auf dem Tisch vor sich zu kleinen Stapeln ordnet.

Ich habe keine Ahnung, was er da macht, und verworrene, absurde Vorstellungen geistern in meinem Kopf herum. So regt mich zum Beispiel seine Unverfrorenheit ungemein auf, und ich ereifere mich darüber, daß er Schuleigentum beschädigt. Eine meiner Sorgen ist, daß seinetwegen die Halsbänder am Muttertag bestimmt nicht fertig sein werden, daß ich mir etwas anderes einfallen lassen muß, etwas, das leichter zu basteln ist ...

Gleichzeitig jedoch drängen sich mir andere, schwärzere Gedanken auf: Wir werden alle sterben müssen, und ich fühle mich völlig leer. Ich flehe ihn an, mir zu erklären, warum er das alles tut, ich will es verstehen. Er sieht mich an und reicht mir einen Zeitungsausschnitt, den ich hastig überfliege. Auf einem Gemeindeparkplatz ist ein Attentat verübt worden, bei dem mehrere Autos beschädigt worden sind.[4] Ich lese auch, daß die Untersuchungsbeamten sich fragen, ob es sich nicht um eine Operation der *Action directe* handeln könnte.

Action directe, Terrorismus ... jetzt verstehe ich es besser, die Dinge nehmen Kontur an. Ich erinnere mich an die Ermordung von Georges Besse und anderen, an Fernsehbilder voller Blut. Endlich weiß ich, warum ich Angst haben muß, und fühle mich fast besser dabei. Ich versammele die 21 Kinder, die an diesem Donnerstag gekommen sind, in der Ecke des Klassenzimmers, die an seine angrenzt. Nur ein Regal voller Bilderbücher trennt uns jetzt noch von ihm. Es ist etwa einen Meter hoch, und das reicht aus, um ihn vor den Blicken der meisten Kinder – die alle zwischen drei und vier Jahren alt sind – zu verbergen.

Der Mann befiehlt uns, von nun an in dieser Ecke zu bleiben. Einige Kinder weinen, andere lachen. Ich versuche, wieder in meine Rolle als Kindergärtnerin zu finden, und fordere sie auf, sich neben mich zu setzen, lasse sie alle Lieder aus meinem Repertoire singen. Dann singe ich selbst ihnen leise die Abzählreime vor, die mir aus meiner Kindheit in Erinnerung geblieben sind. Meine Familie hat sie mir beigebracht, als ich klein war:

»Mon minou-minet, où es-tu allé?
– À la cour du roi, le saluer bien bas.
– Mon minou-minet, qu'est-ce tu y as fait?
– J'ai croqué un rat qui passait par là.«

(Mein kleines Kätzchen, wo bist du gewesen?
– Am Hof des Königs, um mich vor ihm zu verbeugen.
– Mein kleines Kätzchen, was hast du dort gemacht?
– Ich habe eine Ratte gefressen, die gerade vorbeikam.)

Plötzlich schießt mir durch den Kopf, daß dieses Lied dem Terroristen der *Action directe* mißfallen könnte – so wie auch die anderen Lieder, die ich gerade gesungen habe. Auf einmal sehe ich in diesen Abzählreimen politische Provokationen versteckt und erschrecke davor, diese furchtbaren Parolen aus meinem eigenen Mund zu hören. Ich höre sofort auf zu singen, damit er nicht wütend wird! Und zum ersten Mal spricht er mit ruhiger, fast normaler Stimme. »Ihr singt da sehr hübsche kleine Lieder«, sagt er zu uns.

Dies ist eine Geiselnahme![5]

Die Sicherheit der Kinder ist in Gefahr: Ich bin im Besitz einer Tasche mit ausreichend Sprengstoff, um alles um mich herum in die Luft zu jagen.

Und ich bin entschlossen, dies wirklich zu tun, ohne das geringste Mitleid und Zögern, wenn auch nur ein einziger Polizist in das Klassenzimmer eindringen und mich bedrohen sollte.

Die Kinder werden heil und gesund freigelassen werden, wenn meine Forderungen erfüllt worden sind.

Diese Forderungen habe ich schriftlich formuliert, um eine Identifikation durch meine Stimme zu verhindern; ich habe die Botschaften, die notwendig sein werden, in ausreichender Menge vorbereitet und werde kein einziges Wort sprechen.

LASSEN SIE ES NICHT ZU EINER TRAGÖDIE KOMMEN. Bevor Sie die Polizei rufen:

1. Evakuieren Sie die Schule; beginnen Sie bei den angrenzenden Klassenräumen.
2. Setzen Sie Ihr Personal ein, um den Zutritt zum Klassenzimmer abzuriegeln: Das Verbot, den Raum zu betreten, gilt für jeden, vor allem aber für Polizisten.
3. Verständigen Sie so schnell wie möglich die Eltern.

VERSTÄNDIGEN SIE AUSSCHLIESSLICH DEN POLIZEIKOMMISSAR!

Informieren Sie ihn über die Situation und machen Sie ihm dabei deutlich, daß
- ich jedes Eindringen in die Klasse strikt untersage;
- ich bei dem geringsten Angriff auf mich den Sprengstoff zünden werde.

ACHTUNG!

Jeder Versuch, meine Identität festzustellen, mich auszuschalten oder meine Geiseln zu befreien, wird dazu führen, daß ich den Sprengstoff umgehend zünde; ich bin fest entschlossen, Erfolg zu haben oder mit allen, die bei mir sind, in die Luft zu gehen.

Ich habe den Zünder völlig unter Kontrolle.

Ein Unfall ist ausgeschlossen.

Aber ich bin jederzeit bereit zu handeln, und Sie werden mich nicht lebendig in ihre Gewalt bekommen.

Jedem seine Rolle Klebeband

Nach dem aufgeregten Wortwechsel mit der Direktorin, entspannt sich die Atmosphäre durch unseren Gesang wieder etwas, aber der Mann schweigt jetzt konsequent. Er bleibt in seiner Ecke sitzen, mustert das Zimmer und scheint es sich bis ins kleinste Detail einprägen zu wollen.

Mehr schlecht als recht versuche ich mich um die Kinder zu kümmern. Plötzlich steht der Mann auf und kommt auf uns zu. Die Kinder sagen nichts, sie haben Angst und drükken sich an mich. Er beginnt sehr schnell zu sprechen, gibt mir mit autoritärer Stimme Anordnungen, und seine Pistole ist die ganze Zeit auf uns gerichtet. Er will das Tageslicht aus dem Zimmer haben.

Zur Hofseite hin soll ich alle Vorhänge schließen. Dann befiehlt er mir, die herumliegenden Kinderzeichnungen an den Fenstern zum Flur zu befestigen, so daß niemand beobachten kann, was sich in der Klasse abspielt. Ohne ihm direkt widersprechen zu wollen, erkläre ich ihm, daß ich seinem Auftrag nicht nachkommen kann; die Scheiben sind viel zu hoch – sie gehen bis zur Decke –, und ich bin viel zu klein, um bis ganz nach oben reichen zu können. Das Argument scheint ihn nicht zu überzeugen, also hole ich mir einen Tisch und klettere hinauf – ich will ihm demonstrieren, daß ich selbst auf diese Art und Weise den oberen Teil der Fenster nicht erreichen kann. Dieses Mal antwortet er erst gar nicht, aber seine Pistole spricht für ihn und gibt mir zu verstehen, daß ich möglichst schnell eine Lösung finden sollte. Wütend nehme ich mir einen Stuhl, stelle ihn auf den Tisch, greife nach den Zeichnungen der Kinder und klettere auf diese höchst wackelige Konstruktion. In der Aufregung habe ich meine Rolle Klebeband unten liegen lassen und klettere wieder herunter, um sie zu holen. Ich kann nicht aufhören zu zittern, was das Unterfangen nicht einfacher macht. Dabei ist meine Wut im Augenblick größer als meine Angst. Erneut klettere ich auf mein wackliges Gerüst und versuche irgendwie diese Zeichnungen festzukleben – es gelingt mir in keinster Weise, mich zu konzentrieren. Das Klebeband versagt seinen Dienst und die Zeichnungen fallen zu Boden; wieder klettere ich runter, um sie aufzusammeln, wage erneut den gefährlichen Aufstieg und befestige noch ein paar Blatt Papier.

Er steht hinter mir und überwacht sorgfältig, was ich da tue. Plötzlich spricht er wieder. Er sagt, daß ich es nicht richtig mache, daß ich Zwischenräume lasse und uns jemand von draußen beobachten könne. Er befiehlt mir, noch einmal von vorne anzufangen, und diesmal schneller und konzentrierter zu arbeiten. Empört drehe ich mich zu ihm um und erkläre ihm von meinem wackeligen Stuhl aus, daß er es nur selbst machen solle, wenn er nicht zufrieden sei! Drückendes Schweigen folgt diesem Ausbruch. Mir wird bewußt, daß ich vielleicht gerade unser aller Todesurteil unterzeichnet habe, und mein Herz schlägt so heftig, daß sein Klopfen wie Hammerschläge in mir widerhallt. Aber nichts passiert. Ich habe den Eindruck, daß meine Wut ihn besänftigt hat, er wagt es nicht mehr, mir Vorwürfe zu machen, und wartet ab, bis ich meine Arbeit beendet habe.

Ich meinerseits beeile mich, von vorne anzufangen, und konzentriere mich diesmal ganz auf meine Aufgabe. Ich klettere auf meine instabile Konstruktion, klebe die Zeichnungen fest, klettere hinunter, verrücke den Aufbau um einige Meter, klettere wieder hinauf, klebe, klettere wieder hinunter ... und immer so fort, bis ich eine etwa zehn Meter lange Verkleidung aus Kinderzeichnungen zustande gebracht habe. Als ich fertig bin, richten wir uns im Halbschatten ein, und es kommt mir vor wie ein Ort zwischen Leben und Tod. Ich setze mich sofort wieder zu den Kindern, die sich während dieser Episode sonderbarerweise ganz still verhalten haben, zweifellos verblüfft angesichts eines Menschen, der ihre Kindergärtnerin herumkommandieren kann!

Auch er holt jetzt aus seiner Tasche eine Rolle Klebeband hervor, eine Art Isolierband, und ungefähr zwanzig rosafarbene Stangen. Ich verstehe ziemlich schnell, daß es sich um Dynamit handelt – manchmal kann ich richtig fix sein! Er faßt die Stangen in drei Bündeln zusammen, von denen er eines in der Puppenecke befestigt, ein anderes an der Tafel, ein drittes nahe der Tür, die zum Flur führt. Dann entnimmt er seiner Tasche noch einige Rollen mit elektrischem Kabel, das er an jedem der drei Bündel befestigt und über den gefliesten Boden des Klassenzimmers bis in seine Ecke verlegt. Er scheint genau zu wissen, was er tut, zögert nicht bei seinen Handgriffen, handelt schnell und präzise. Diese ganze Konstruktion verbindet er dann mit einem großen Kasten, den er in seiner Tasche aufbewahrt und den er zum Abschluß an eine Art Schalter mit einem roten Knopf anschließt. Nachdem er sich wieder hingesetzt hat, nimmt er diesen Schalter fest in die Hand; bis zum Ende wird er ihn nicht wieder loslassen. Der Boden ist jetzt mit elektrischen Drähten überzogen.

Als er bemerkt, daß ich ihn beobachte, versucht er sofort, mich zu beruhigen: »Ich kenne mich aus mit Sprengstoff.« Er rät mir, sehr vorsichtig zu sein und auf keinen Fall auf die Kabel zu treten. Auch die Kinder hören zu, neugierig und aufmerksam. Ich fixiere den roten Knopf an seinem Schalter und begreife, daß er nur einmal kurz auf diesen Knopf drücken muß, um unser aller Leben auszulöschen. Seltsamerweise fürchte ich mich nicht sonderlich vor den Dynamitstangen, jedenfalls weniger als vor der Pistole, von der ich meinen Blick nicht abwenden kann, und die mir wie nie zuvor den Tod ins Bewußtsein ruft.

21 auf wenigen Quadratmetern zusammengepferchte Kinder machen ziemlich schnell, was sie wollen. Ich gebe ihnen die Dose mit den Plätzchen. Normalerweise nimmt sich jedes Kind der Reihe nach eines und ißt es, ohne auf dem Stuhl herumzuzappeln. Das Klassenzimmer ist ein Raum, in dem die alltäglichen Gewohnheiten einen festen Rhythmus vorgeben; die Schüler erkennen schnell die Grenze zwischen Erlaubtem und Verbotenem, sie akzeptieren die Autorität der Kindergärtnerin. Jetzt lösen sich diese Grenzen auf einmal auf, alles wird anders. Die Kinder verändern sich, so wie auch ich mich verändere. Einige nehmen sich überhaupt kein Plätzchen. Sie werden sich auch die ganze Zeit, die sie in diesem Raum bleiben müssen, weigern, zu trinken und zu essen, voller Entsetzen vor dem Mann in Schwarz. Diese werden als erste freigelassen werden. Im Gegensatz dazu fangen andere an, die Plätzchen geradezu herunterzuschlingen: erst eins, dann zwei, drei, vier, ... zehn ... Der Rest wird zerkrümelt und im ganzen Zimmer verteilt ...

Sehr schnell begreifen die Kleinen, daß die Dinge anders sind als sonst. Die 10-Uhr-Pause geht vorüber, und wir sind immer noch eingeschlossen. Sie wollen raus, spielen, und ich muß ihnen sagen, daß das unmöglich ist. Daraufhin machen sie all das, woran sie sonst im Traum nicht denken würden: Die Jungen prügeln sich und toben auf dem Boden herum, die Mädchen kreischen, zerbrechen die Spielsachen, und einige Kinder heulen ohne Unterlaß. Es ist furchtbar.

Ich habe Angst, daß der Mann diesen Lärm nicht erträgt. Also versuche ich, sie zu beruhigen, zur Vernunft zu bringen, aber sie hören auf nichts und niemanden mehr. Statt dessen packt sie die Neugier, und sie wollen wissen, wer dieser geheimnisvolle Mann ist, der in der anderen Ecke des Raumes sitzt. Meine ausweichenden Antworten genügen ihnen nicht, und so wendet sich zuerst ein Kind direkt an ihn, dann ein zweites. Und da er nicht reagiert, geben sie sich selbst die Antworten.

»Aber was machst du denn hier?«

»Ja, das ist wahr, *Monsieur,* warum bist du hier?«

»Vielleicht will er was reparieren ...«

»Oh ja, es ist ein Klempner.«

»Aber Klempner haben doch keine Pistole, sie haben nur Werkzeug ...«

»Dann ist er vielleicht ein Jäger.«

»Genau, ein Jäger, der von der Jagd kommt.«

»Ich glaube, das ist ein Polizist!«

»Genau, das ist es, er ist ein Polizist.«

»Ja, du hast recht, ein Polizist ...«

Alle billigen diese letzte Erklärung, die einzige, die ihnen glaubhaft erscheint. Sie sind sich einig und sehr zufrieden mit dem Ergebnis ihrer gemeinschaftlichen Überlegungen. Wie drollig sie doch in diesem Moment sind – mir gelingt es, ihnen zuzulächeln.

Vom Geld und den Medien

Das Klassenzimmer ist jetzt ganz von der übrigen Schule abgeschnitten. Während es vorher eine ganz normale Klasse einer *école maternelle* gewesen ist, ist es nun zu einem kleinen, isolierten Universum geworden, in dem die bedrohliche Gegenwart einer Feuerwaffe und einiger Dynamitstangen ganz neue Regeln diktiert. Aber es bleibt ein Raum, in dem Menschen leben müssen, und jeder findet eine Nische für sich: Die Kinder verstehen sehr schnell, daß sie den Winkel, den ihnen der Mann zugewiesen hat, nicht verlassen dürfen. Vor Ort erfinden sie neue Spiele, entdecken die Unbequemlichkeit des Eingesperrtseins auf kleinstem Raum. Doch das enge Zusammensein hat auch Vorteile, wie sie schnell merken; alles ist jetzt erlaubt. Sie stellen eine Menge Unfug an und sind sich der Gefahr dabei doch immer bewußt. Mir wird klar, daß Kinder sich sehr schnell an veränderte Bedingungen anpassen – und seien diese noch so außergewöhnlich.

Auch mir gelingt es – mehr schlecht als recht – meinen Platz in dieser isolierten Welt zu finden. Ich bin nicht mehr Kindergärtnerin und habe meine Herrschaftsgewalt verloren, aber ich kann immer noch Geschichten erfinden, Lieder vorsingen, mit dem einen ein bißchen reden und den anderen trösten. Von Zeit zu Zeit verkrieche ich mich und warte geduldig, ohne zu wissen, worauf. Es ist eine Welt für sich, eine Welt, die aus dem Gleichgewicht geraten ist, die sich nicht mehr so dreht, wie sie soll. Und die sehr, sehr weit entfernt ist von der anderen, der richtigen Welt.

Im Laufe des Morgens versuchen verschiedene Personen mit dem Mann zu sprechen. Die Direktorin kehrt zurück, erst mit einem Polizisten, dann in Begleitung anderer Männer, deren Funktion ich nicht kenne. Einer nach dem anderen nähern sie sich der verschlossenen Tür, stellen sich vor, fragen den Mann nach seinen Forderungen oder legen ihm einfach nahe, sich zurückzuziehen. Ihre Fragen und ihr Gerede scheinen ihn sehr aufzuregen. Zwei- oder dreimal reicht er mir ein neues Bündel maschinengeschriebener Seiten, die ich an sie weiterreichen soll. Schnell überfliege ich die Zeilen, um mehr über die Situation zu erfahren: Es sind neue, sehr präzise Anweisungen. Besonders deutlich erinnere ich mich an seine erklärte Absicht, keinen einzigen Satz, kein einziges Wort zu sprechen, damit man ihn nicht anhand seiner Stimme identifizieren könne. Ich merke schon bald, daß er diesen ersten Punkt nicht durchhält: Zwar wird er nicht direkt redselig, aber gelegentlich wechselt er einige Worte mit mir und den anderen.

Gegen 11.00 Uhr taucht Louis Bayon auf, der Chef der RAID.[6] Dieses Mal ist der Umgangston deutlich anders: Bayon klopft an die Tür und stellt sich vor; von Beginn an duzt er den Geiselnehmer, so, als gehörten sie der gleichen Welt an. Anscheinend weiß er genau, was er tut. Anfangs spricht er durch die verschlossene Tür; als er später zurückkommt, kann er durchsetzen, daß die Tür für das Gespräch geöffnet wird. Seine Gesichtszüge wirken entspannt, er ist von kleiner Statur, schwarz gekleidet und trägt eine Art Springerstiefel. Mit viel Geschick gelingt es ihm im Laufe des ersten Tages, einen Dialog mit dem Mann in Gang zu bringen. Er bietet ihm gewissermaßen seine Hilfe an und zeigt die Bereitschaft, auf den größten Teil der Forderungen einzugehen – unter der einen Bedingung, daß im Austausch für jedes Zugeständnis und jede erfüllte Forderung ein Kind freigelassen werde. Und die Zugeständnisse häufen sich im Laufe der Stunden.

Sehr bald erklärt der Mann, daß er 100 Millionen Francs in kleinen Scheinen haben wolle und daß er uns freilassen werde, sobald er diese bekommen habe. Sollte er die Summe nicht in kürzester Zeit erhalten, so werde er nicht zögern, alles in die Luft zu jagen. Da ich mich in diesem Moment in erster Linie um die Kinder kümmerte, erinnere ich mich heute nur undeutlich an die Verhandlungen zwischen ihm und der Polizei. Aber ich weiß noch genau, daß der Chef der RAID ihm erklärte, wie schwierig es rein organisatorisch sei, in so kurzer Zeit eine so große Menge Geld aufzutreiben.

Der Mann will davon nichts wissen; er akzeptiert schließlich nur, daß das Geld ihm in mehreren kleineren Beträgen übergeben wird. Bei jeder Übergabe wird er ein Kind freilassen. Neben dem Geld interessieren ihn vor allem die Medien: Er will sich selbst davon überzeugen, daß die Radio- und Fernsehsender ununterbrochen über ihn berichten, und zwar auf eine Art und Weise, die ihm zusagt.

Im Austausch gegen die Freilassung eines Kindes bringt Louis Bayon ihm schließlich das Radiogerät, das er seit einer Stunde verlangt hat. Ich hätte ihm sagen können, daß sich mein eigener Apparat im Zimmer befindet, aber da er diesen von dort, wo er sitzt, nicht sehen kann, habe ich lieber meinen Mund gehalten. Ich weiß, daß das Radiogerät die Freiheit eines Kindes bedeutet.

Er schaltet das eben erhaltene Radio ein und läßt es fast ständig auf der Frequenz von *France Info*[7] laufen: Drama, Geiselnahme, geheimnisvolles Individuum, Kinder im Alter von drei Jahren, Anwesenheit ihrer Kindergärtnerin, 100 Millionen Francs, Dynamitstangen, Panik bei den Eltern, Zuständigkeit der RAID, Anwesenheit eines Ministers, der gleichzeitig Bürgermeister von Neuilly ist ... Wieder und wieder hallen diese Worte durch den Raum. Es ist stickig.

Anfangs berichten die Journalisten, daß der Geiselnehmer einer »schwarzen Rasse« angehöre. Der Mann lacht darüber – ich auch. Erstaunlicherweise lockern ihre Spekulationen die angespannte Atmosphäre im Zimmer auf. Die Vermutungen über seine Herkunft amüsieren ihn: Terrorist der *Action directe*, baskischer Separatist, Aids-Kranker ...

Manchmal machen ihn die Äußerungen zu seiner Person und zu dem angeblichen Eintreffen oder Ausbleiben der Geldsäcke auch wütend. Er ist voller Verachtung für die Presse. Die Reporter müssen große Schwierigkeiten haben, in ihren Berichten etwas Neues zu bringen, denn sie wissen nur sehr wenig über das, was vor sich geht. Sie wiederholen sich ständig, und die Wirklichkeit unterscheidet sich deutlich von dem, was sie in ihren Sendungen erzählen: Berichten sie von der Freilassung eines kleinen Mädchens, handelt es sich mit Sicherheit um einen kleinen Jungen; ihre Angaben über die Anzahl der freigelassenen Kinder sind oft falsch, und wenn sie den Abbruch der Verhandlungen zwischen dem Geiselnehmer und der Polizei ankündigen, sind diese bereits seit einiger Zeit wiederaufgenommen worden. Sie verbreiten die meiste Zeit nur armselige und verfälschte Informationen. In regelmäßigen Abständen verkünden sie: »Die Beendigung des Konflikts steht kurz bevor«. Jedesmal, wenn dieser Satz zu hören ist, hallt er in meinem Kopf wieder.

DRAUSSEN

Das große Gedränge

»Eine Operation großen Ausmaßes, die ganz Frankreich betroffen machen und sämtliche Medien beschäftigen wird; ihnen wird reichlich Stoff geboten werden, um ihr Publikum zufrieden zu stellen.«

Einige Tage bevor er in die *école maternelle* des Schulzentrums Commandant-Charcot eindringt, hat der Geiselnehmer diesen Satz zu Papier gebracht. Zurückblickend kann man sagen, daß er recht behielt. Er hatte alles perfekt geplant und vorbereitet.

Dieser Mann ist ein Unbekannter, der um jeden Preis von sich reden machen will. Indem er kleine Kinder bedroht, inszeniert er ein Drama, das auf jeden Fall ein Medienereignis sein wird. Er erfindet eine Geschichte, die ihren Platz in der Rubrik Vermischtes finden wird, eine Geschichte, die zum Unerträglichsten gehört, was sich unsere Gesellschaft vorstellen kann. Indem er eine Art äußerst radikaler Kommunikationsstrategie benutzt, zwingt er die Presse dazu, sich mit ihm zu beschäftigen.

10.00 Uhr: In den Redaktionen sämtlicher nationaler Fernsehsender werden noch einmal die letzten Details der Direktübertragung von der Eröffnung der 49. Filmfestspiele in Cannes durchgegangen. Seit Monaten ist diese Live-

Sendung in Vorbereitung, alle Starreporter befinden sich vor Ort.

11.27 Uhr: Auf den Schreibtischen aller Redaktionen Frankreichs landet eine Kurzmeldung der französischen Presseagentur (Agence France-Presse); sie trägt den Vermerk »dringend«:

»Ein bewaffneter Mann hat am Donnerstag morgen die Kinder einer Klasse der Commandant-Charcot-Schule in Neuilly-sur-Seine (Hauts-de-Seine) als Geiseln genommen. Polizei und Feuerwehr sind vor Ort. Der Mann soll maskiert sein und eine Pistole bei sich tragen.«

Diese Meldung von nur einigen Zeilen wird eine Reihe bedeutender journalistischer Mechanismen auslösen.

Im Fernsehen zum Beispiel ändert die Nachrichtenredaktion unverzüglich den Ablauf der Nachrichtensendungen. Zahlreiche Reportagen über das Filmfestival – noch in Produktion oder bereits fertiggestellt – werden niemals ausgestrahlt werden; Berichte über die Geiselnahme werden in aller Eile zusammengestellt. Neuilly statt Cannes.

11.40 Uhr: Die Motorradfahrer der Radiosender bringen ihre Reporter zur Commandant-Charcot-Schule, ausgestattet mit der für eine Live-Schaltung notwendigen Ausrüstung. Fernsehteams machen sich mit ihren Wagen auf den Weg. Die Reporter der schreibenden Zunft haben es weniger eilig; da ihnen der ganze Rest des Tages bleibt, um ihre Artikel zu verfassen, lassen sie sich mehr Zeit, um zum Ort des Geschehens zu gelangen.

Für Radio und Fernsehen hingegen ist jede Minute kostbar. Die Geiselnahme soll die erste Meldung der 12-Uhr-Nachrichten werden.

12.00 Uhr: Fast alle Fernseh- und Radiosender haben in aller Eile Journalisten und Techniker vor Ort geschickt, die mit einer gewaltigen technischen Ausrüstung anrükken: Wagen, die die Logos der Fernseh- und Radiosender tragen, Lieferwagen, in denen die Fernsehberichte direkt geschnitten und live gesendet werden können. Als sie von den eben eingetroffenen Ordnungskräften sofort wieder vertrieben werden, parken die Wagen in den anliegenden Straßen.

Die Reporter lassen sich in der Nähe des Schulzauns nieder. In den angrenzenden Straßen entsteht ein beträchtlicher Tumult. Die Eltern sind durch die Berichterstattung im Radio informiert worden und strömen voller Panik herbei, um ihre Kinder abzuholen – und fallen den unter Zeitdruck stehenden Journalisten in die Hände, die versuchen, sie zu interviewen und ihnen Stellungnahmen zu entlocken. Die Presseleute sind vor allem auf der Jagd nach »Stimmungen« und nach Zeugen. Sie arbeiten unter sehr schwierigen Bedingungen; es herrscht ein großes Gedränge, zumal viele Schaulustige von dem Aufruhr angezogen werden, sich in die Gruppe der Wartenden einreihen und die Menschenmenge noch vergrößern. In diesem Augenblick weiß »draußen« niemand, was sich »drinnen« wirklich abspielt, und in der allgemeinen Verwirrung wiederholen viele von den Befragten vor den Mikrophonen nur das, was sie gerade eben im Radio gehört haben.

12.40 Uhr: Die Fernsehreporter stürzen zu den Übertragungswagen. Die Bilder werden hastig zusammengestellt, der Kommentar wird in aller Eile geschrieben. Unter diesen Bedingungen ist es schwierig, etwas noch einmal durchzulesen, die Interviews ordentlich zu schneiden, die richtigen Stellen auszuwählen. Der Reporter weiß, was man von ihm erwartet: Das wichtigste ist, daß sein Bericht genau um 13.00 Uhr auf Sendung geht. Unter Profis sagt man, daß die »gute Reportage« sich dadurch auszeichnet, daß sie pünktlich fertig ist. Auch im Radio hetzt man durch die Vorbereitungen.

13.00 Uhr: Sämtliche Fernseh- und Radiosender setzen diese Geschichte, die es in Frankreich so noch nie gegeben hat, an den Anfang ihrer Ausgabe der Mittagsnachrichten: Eine Reportage, gefolgt von ein oder zwei Live-Kommentaren des Journalisten vor Ort. Diese Live-Schaltungen, die immer wieder in den Nachrichtensendungen auftauchen, sind nicht besonders durchdacht; aber schon die Tatsache, daß man überhaupt live sendet, und die Häufigkeit der Übertragungen zeigt, für wie wichtig die Medien dieses Ereignis halten.

Es ist unvermeidbar, daß die Konkurrenz zwischen den einzelnen Sendern sich auf den Inhalt der Meldungen und Reportagen auswirkt. In der Hektik des Geschehens ist es den Journalisten fast unmöglich, Meldungen zurückzuhalten, bis sie diese auf ihren Wahrheitsgehalt überprüfen können. Und das gilt vor allem für die Berufsneulinge unter ihnen.[8] Wenn man weniger als seine Kollegen berichtet, dann riskiert man, den Eindruck zu erwecken, man sei nicht auf dem laufenden. Die Kollegen und Vorgesetzten, die mit einem Auge immer die Konkurrenz beobachten, könnten einem seine Zurückhaltung zum Vorwurf machen, sie als Versagen interpretieren.

Dies erklärt die Ungenauigkeit einiger Informationen, die vielen Spekulationen und gleichlautenden Meldungen in den verschiedenen Reportagen. Der Mann in Schwarz bekommt nach und nach eine Gestalt:

– »ein dunkelhäutiger, korpulenter Mann«[9];

– »ein Mann, der einer dunkelhäutigen Rasse angehört«[10];
– »ein maskierter Mann, der mit einem Wagen in den Innenhof eingedrungen ist«[11];
– »ein Mann vielleicht chilenischer Nationalität [...], der die französische Staatsbürgerschaft fordert«[12].

Die MRAP, *Mouvement contre le racisme et pour l'amitié entre les peuples*[13], wird eine Stellungnahme veröffentlichen, in der sie »sich über die Motive Gedanken macht, die bestimmte nationale Medien dazu getrieben haben, gefährlicherweise einzelne, verfälschte Informationen isoliert wiederzugeben, nach denen der Geiselnehmer einer ›dunkelhäutigen Rasse‹ angehöre oder ›eine dunkle Gesichtsfarbe‹ habe«. Die MRAP wird dieses Vorgehen als »unverantwortlich in Hinsicht auf die Assoziationen, die damit einhergehen« verurteilen und »dieses ethische und fachliche Fehlverhalten« kritisieren.

Nur die Zeitung *Le Monde* wird sich einige Tage später dafür entschuldigen, solche Gerüchte verbreitet zu haben.[14]

DRINNEN

Fisch für die Kinder

Nach und nach gelingt es dem Chef der RAID, weiter in das Zimmer vorzudringen. Jedesmal findet er einen guten Grund, um immer noch ein Stück weiterzukommen. Bevor er irgendeine Bewegung macht, teilt er dem Mann jedesmal seine genaue Absicht mit. Er will ihn auf keinen Fall erschrecken. »Die Kinder haben Hunger, es ist Essenszeit. Ich werde einige Teller mit Essen auf den Tisch stellen.« »Möchtest du ein Telefon? Ich werde dir eins bringen, im Austausch gegen die Freilassung eines Kindes.« »Ich werde das Telefon auf dieses Regalbrett hier stellen.« »Ich komme, um die Teller zu holen.« Dann ist es Zeit für den Mittagsschlaf. »Ich bringe Matratzen für die Kleinen.« Zeit für den Kuchen, den es jeden Nachmittag gibt. »Hier ist was zum Naschen«, ... und so fort im Lauf der Stunden. Er ist sehr aktiv, bewegt sich ständig ein Stück weiter in den Raum hinein, doch nie, ohne vorher unzählige Vorsichtsmaßnahmen getroffen zu haben. Er kommt jetzt regelmäßig, um nach uns zu sehen, und drängt den Mann, die Kinder freizulassen. Der Mann siezt ihn und leistet nicht allzuviel Widerstand gegen diese ständigen Vorstöße. Er läßt ihn gewähren, den Zünder immer in der Hand.

Gegen 13.00 Uhr verkündet der Mann, er sei bereit, einige der Kinder freizulassen, wenn er zuerst ihre Eltern sehen könne. Auch heute verstehe ich noch nicht völlig, warum er sie treffen wollte. Ich glaube, er wollte den Vätern und Müttern beweisen, daß er ihren Kleinen kein Leid zufügte. Er war sich sicher, daß die Polizisten dort draußen lauter Lügen erzählten, nicht nur über ihn selbst, sondern auch über die Bedingungen, unter denen die Geiseln festgehalten wurden. »Alles, um mich dann besser abknallen zu können«, sagte er.

Zwei Väter präsentieren sich also nacheinander auf der Türschwelle, und ihre jeweiligen Kinder werfen sich ihnen in die Arme. Jetzt haben wir uns das Mittagessen für diejenigen verdient, die hierbleiben müssen. Ich erkläre meinen Schützlingen, daß wir in unserer kleinen Ecke essen werden, in der wir schon seit dem frühen Morgen zusammengepfercht sind. Sie finden das eher lustig. Im Klassenzimmer zu essen, inmitten der Bücher und Spielzeuge, dicht gedrängt, das ist wirklich mal etwas anderes! Unser Festmahl besteht aus Fisch mit Sauce. Das ist nicht unbedingt das geeignetste Menü, um es dreijährigen Kindern zu servieren, noch dazu, wenn sie auf den Knien und in einer solchen Enge essen müssen. Der Fisch bleibt nicht lange in den Aluschalen, er rutscht auf die Erde. Die Sauce wird gleichmäßig verteilt, und die Kinder matschen mit ihren Fingern darin herum, spielen mit dem Essen, beklekkern ihre Kleidung ... Im Laufe des Picknicks verwandelt sich unsere Ecke ziemlich schnell in eine Art Müllhalde, auf der die Schuhe mit Sauce verziert, die Mützen und Sokken mit Fisch bekleckert sind.

Die Ankunft des Essens hat die Kinder sehr aufgeregt, und diese Aufregung macht sich jetzt in Schreien, Streitereien und Tränen Luft. Sie machen einen solchen Lärm, daß ich einen Wutanfall des Mannes befürchte. Völlig entnervt befiehlt er mir, sie zum Schweigen zu bringen. Er erträgt sie nicht mehr. »Diese Kinder müssen an die frische Luft«, sage ich zu ihm, »sie sind seit heute morgen eingeschlossen, es ist ganz normal, daß sie jetzt völlig überdreht sind.« Daraufhin spricht er von Beruhigungsmitteln, die sie zum Einschlafen bringen sollen, von Spritzen, wenn es sein muß. Sofort suche ich einige Bücher zusammen. Die Kinder scharen sich um mich, und ich erzähle ihnen Geschichten, viele Geschichten. Ich erinnere mich vor allem an *»Maxi und die Maxi-Monster«*. Ich weiß nicht mehr, wie viele Male sie mich während all dieser Stunden des Eingesperrtseins gebeten haben, ihnen diese Geschichte zu erzählen.

Es war einmal ein kleiner Junge namens Max, der nur Dummheiten im Kopf hatte. Seine Mutter wurde böse, und sie schickte ihn ohne Essen auf sein Zimmer. Und da fliegt Max davon, in das Monsterland. Nach 1001 Abenteuer – eins unglaublicher als das andere – kommt der kleine Junge zurück nach Hause, wo ihn sein Abendessen erwartet. Die Geschichte ist ziemlich gruselig, die Bilder sind angsteinflößend, aber die Kinder hören aufmerksam zu. Die Monster, denen Max Seite für Seite begegnet, scheinen ihnen viel mehr Angst einzuflößen als der maskierte Mann, der sich in unserem Klassenraum niedergelassen hat. Ich sage mir, daß das ein eher gutes Zeichen ist. Das Vorlesen beruhigt sie und lenkt sie ab.

Ein Kind gegen einen Fernseher

Der Mann verlangt einen Fernseher. »Einen Fernseher? Ja, gerne, aber gib uns zuerst ein Kind dafür!« Ein kleiner Junge wird freigelassen. Wie versprochen bringt der Chef der RAID ein Fernsehgerät und versucht mit der Hilfe einer seiner Männer ungefähr 20 Minuten lang vergeblich, es zum Laufen zu bekommen. Alle beide knien sie vor dem kleinen Bildschirm, drehen an den verschiedenen Knöpfen herum, stöpseln Kabel ein, versuchen die verschiedenen Sender einzustellen. Umsonst: Das Bild will einfach nicht scharf werden. Sie überlegen sich, es mit einer Antenne zu versuchen. Jetzt ist der Empfang ausgezeichnet. Stillschweigend ziehen sie sich zurück.

Vielleicht ist das alles nur Taktik gewesen, um das Zimmer näher erkunden zu können, herauszubekommen, in welcher Ecke die Kinder sich aufhalten, oder um heimlich Mikrophone zu plazieren. Das ganze Hin und Her hat den Mann nervös gemacht, der während der Anwesenheit der zwei Männer sehr angespannt gewesen war. Nachdem sie endlich den Raum verlassen haben, läßt er mich wissen, daß sie wirklich völlig unfähig seien, Taugenichtse, noch nicht einmal in der Lage, einen Fernseher einzustellen. Ich widerspreche ihm nicht.

Wir fangen an, über die Polizei im allgemeinen zu diskutieren. Er ist sehr wütend auf die Polizisten, die seiner Meinung nach nichts anderes sind als eine Ansammlung von Dummköpfen, nur gut, sich am Abzug eines Gewehrs festzuhalten. Er erklärt mir, daß sie in diesem Moment zweifellos die Schule umstellt hätten, ihre Waffen mit Sicherheit ständig auf das Klassenzimmer gerichtet. »Um mich abzuknallen«, sagt er, »sind die bereit, Sie und die Kinder zu opfern. Ihr Leben bedeutet denen wenig; die wollen vor allem mich drankriegen.« Er rät mir, vorsichtig zu sein, es könne jederzeit zu irgendeiner Überreaktion kommen. »All das ist die Schuld von Pasqua.« Er steigert sich in eine Schmährede auf den Innenminister hinein, wird laut und beschimpft mich, als ob ich der Minister selbst wäre. Er macht mir Angst. Sobald ich die Gelegenheit dazu habe, erinnere ich ihn daran, daß ich nichts mit den Machthabern zu tun habe. 1986 habe ich als Studentin an Demonstrationen teilgenommen und gegen den Tod Malik Oussekines protestiert.

Ich glaube, daß es mir nach und nach gelingt, sein Vertrauen zu gewinnen. Er fängt an, mich mit anderen Augen zu betrachten, mich nicht mehr in eine Ecke zu stellen mit der Polizei und den Politikern. Er hört nicht auf zu betonen, daß man sich vor denen in acht nehmen müsse. Ich fange an mich weniger vor ihm zu fürchten. Er verhält sich mir gegenüber freundlich, fast liebenswert, und seine Pistole hat er auf den Tisch gelegt.

Auf einmal fordert er mich auf, näher zu kommen, und reicht mir ein neues Bündel maschinengeschriebener Blätter. Ich überfliege sie schnell und sehe mich mit einem überaus schaurigem Szenario einer Geiselnahme konfrontiert. Ich lese, daß die Kinder am Hals aneinandergekettet sind. Auf einem anderen Blatt wird beschrieben, wie sie an Transfusionsnadeln angeschlossen werden und ihnen nach und nach Blut entnommen wird, bis zum Tode, wenn das Lösegeld dem Geiselnehmer nicht rechtzeitig übergeben wird. Weiter unten beschreibt er, wie die Personen, die das Klassenzimmer betreten dürfen, sich ausziehen und ein extra für diesen Zweck vorgesehenes Hemd überstreifen müssen. Seite für Seite hat er so mit Einzelheiten gefüllt, mit Zeitabläufen, unglaublichen Plänen. Es wird eine Welt entworfen, in der die Eltern der Geiseln für die Sicherheit zuständig sind, die Journalisten sich frei bewegen können und die Polizisten sorgfältig ausgewählt werden ... Er beobachtet mich schweigend beim Lesen. Ich sehe ihn an, bin eher erstaunt als erschreckt. Das, was dort geschrieben steht, hat glücklicherweise nicht die geringste Ähnlichkeit mit dem, was uns widerfährt, und im Augenblick finde ich das beruhigend. Seit seinem Eindringen in das Klassenzimmer hat er nicht eine einzige seiner schrecklichen Drohungen wahr gemacht, und obwohl er geschworen hat, kein einziges Wort zu sagen, wird er immer redseliger. Ich sehe ihn wieder an und versuche zu verstehen. Woher nimmt er nur ein derartiges Szenario? Was will er damit erreichen? Geht es ihm nur um das Geld? Ich verspüre große Lust, ihm diese Fragen zu stellen, aber er läßt mir keine Zeit dazu. »Geben Sie diese Blätter dem Chef der RAID«, befiehlt er mir.

Während des ersten Tages ist Louis Bayon überaus verständnisvoll und aufmerksam. Nur ein einziges Mal verändert er abrupt sein Verhalten: Er stellt sich an die Tür, und sein Tonfall wird auf einmal sehr aggressiv. Fast geht er so weit, den Geiselnehmer zu beleidigen. »Du hast nicht die geringste Chance, hier rauszukommen. Das ist ekelhaft, kleine Kinder als Geiseln zu nehmen. Man muß wirklich mies sein, um so etwas zu tun. Du bist kein Mann, du bist einfach nur ein kleines, kümmerliches Nichts.« Und so weiter ...

Bei jedem weiteren Satz zucke ich voller Panik zusammen. In Wirklichkeit will der Chef der RAID den Mann »brechen«, will ihn davon überzeugen, sein aussichtsloses Unternehmen aufzugeben, aber in diesem Augenblick verstehe ich überhaupt nicht, worauf er hinauswill. Ich habe entsetzliche Angst vor der Reaktion des Mannes. Vor meinem inneren Auge sehe ich, wie wir alle in einem großen Getöse untergehen, ich höre schon den Knall der Explosion, sehe das Dynamit hochgehen, die herumwirbelnden Tische, die zerfetzten Körper, das Blut, das Ende. Mein Herz hat aufgehört zu schlagen. Ich zittere von Kopf bis Fuß, und die Kinder, fasziniert von diesem verbalen Großangriff, verharren fast lautlos.

Aber der Mann reagiert nicht, er regt sich nicht, als ob die Worte nicht zu ihm durchdringen würden. Es scheint ihm vollkommen klar zu sein, daß es sich hier um eine klassische Taktik handelt, mit der man jemanden aus der Fassung bringen will, und sein Verhalten zeigt mir, daß er nicht in diese Falle gehen wird.

DIE SICHERHEIT DER GEISELN[15]

DIE SICHERHEIT DER GEISELN STEHT IN DIREKTEM ZUSAMMENHANG MIT MEINER EIGENEN SICHERHEIT:

Die anwesenden Polizisten müssen eigens ausgewählte Leute sein, um jedes Risiko einer Überreaktion auszuschließen. Jeder Mann muß sich mit meiner »Botschaft an die Polizisten« vertraut machen. Die Anweisungen, die ihm gegeben werden, müssen mit meinen Anweisungen vollkommen übereinstimmen. Besonders wichtig ist, daß weder in das Klassenzimmer noch in einen der angrenzenden Räume ein Polizist eindringt.

Den Eltern und den Journalisten soll erlaubt werden, frei umherzugehen und frei miteinander zu kommunizieren. Die Umgebung der Schule soll permanent für die Öffentlichkeit zugänglich sein, und meine Botschaften sollen über einen Lautsprecher verbreitet werden.

DIE KINDER:

Sie werden dauerhaft unter die Aufsicht eines Arztes oder einiger Eltern gestellt; ich werde diese dazu auffordern, sich regelmäßig abzulösen.

Ein Medikament, das den Kindern verabreicht werden wird, wird dafür sorgen, daß sie die ganze Zeit über schlafen.

Sie werden für die ganze Dauer der Geiselnahme am Hals aneinandergebunden bleiben.

Jegliche Form von Pflege oder Hilfe darf nur vor Ort geleistet werden.

BEDINGUNGEN FÜR DEN ZUTRITT ZUM KLASSENZIMMER:

Vor dem Eintreten muß sich jede Person über die Sprechanlage bemerkbar machen und mein Einverständnis abwarten.

Jede Person wird noch vor der Tür einer gründlichen Kontrolle unterzogen werden; unter anderem wird sie von Polizisten durchsucht werden, denen die Eltern assistieren.

Danach wird sie sich ihrer Kleider entledigen und sie außerhalb des Klassenzimmers zurücklassen.

Nachdem sie das Klassenzimmer betreten und von mir persönlich ein letztes Mal kontrolliert worden ist, wird sie sich ein extra zur Verfügung gestelltes Hemd überziehen.

UM MEINE IDENTIFIKATION ZU VERHINDERN, WERDE ICH KEIN EINZIGES WORT SPRECHEN.

Die »Stunde der Mütter«

Ich klammere mich verzweifelt an den Ablauf und die Gewohnheiten des normalen Schulalltags. Das ist meine Art und Weise, mit der Angst und dem Wahnsinn dieser Situation fertig zu werden. Am Morgen habe ich mir gesagt, daß es wie jeden Tag irgendwann Zeit sein wird für die große 10-Uhr-Pause. Dann wird diese traditionelle, unumgängliche Pause diesen Alptraum beenden. Auch die Kinder haben darauf gewartet: Sie sind völlig überdreht gewesen. Aber die Stunden verstrichen und der Mann war immer noch im Klassenzimmer; er schien nicht bereit, unseren Stundenplan zu respektieren.

Dann habe ich auf die Zeit für das Mittagessen gewartet: Mittags würden die Kinder wie immer in den Speisesaal gehen, ich würde meine Kollegen treffen, und der Mann würde verschwinden, er würde verstanden haben, daß er hier nichts mehr zu suchen hatte. Ein Stundenplan ist ein Stundenplan, und auch er würde nicht dagegen ankämpfen können. Er würde gehen müssen. Aber auch die Mittagszeit verstrich ohne den Gang zum Speisesaal, und wir aßen ausnahmsweise in der Klasse, Fisch mit Sauce auf den Knien. Ich fühlte mich fürchterlich verlassen, abgeschnitten von der Außenwelt. Nur die Wanduhr blieb mir treu, und ich konnte es nicht lassen, sie anzustarren, als ob sie das letzte greifbare Zeichen für die Wirklichkeit wäre.

Jetzt haben wir Nachmittag. Ich denke an die »Stunde der Mütter«, die immer näher kommt. Dieses Mal, soviel ist sicher, werden die Mütter kommen, die Kinder werden das Klassenzimmer und das Schulgelände verlassen, nach Hause gehen. Das Leben eines Kindes ist voller Verpflichtungen, das seiner Mutter ebenfalls. Man muß den genauen Ablauf einhalten: Nachmittagskaffee, spielen, ein Bad nehmen, schmusen, Abendbrot und dann ab ins Bett mit den Lieblingsstofftieren. Das trifft sich gut, auch ich muß nach Hause. Meine Tochter Constance wartet auf mich, ich habe alle Hände voll zu tun und erwarte auch Gäste zum Abendessen. Auf Wiedersehen, Herr Unbekannter in Schwarz, die Schule ist vorbei, hier ist der Ausgang! ...

Ich bete mir immer wieder vor, daß es so ausgehen wird, weil alles andere unmöglich ist. Man kann keine Kinder und ihre Kindergärtnerin als Geiseln nehmen, das ist Wahnsinn, das darf einfach nicht sein. Und das auch noch für

Geld! Ich habe immer wieder von neuem versucht, mit seiner Anwesenheit hier bei uns, mit seinen Dynamitstangen und seiner Pistole fertig zu werden, aber ich finde keine vernünftige Erklärung, an die ich mich klammern könnte. Ich sage mir, daß alles eine Frage der Geduld ist, und zum ersten Mal reagiere ich genau wie die Kleinen: Endlich, die »Stunde der Mütter«!

Doch es tut sich nichts, und ich bin immer noch bei diesem Typen, der 100 Millionen Francs verlangt und nicht mehr aus meiner Klasse verschwinden will. Ich finde nichts mehr, an das ich mich klammern könnte. Und ausgerechnet da sagt er mir im Brustton der Überzeugung: »Wissen Sie, das wird noch sehr, sehr lange dauern.«

Auch wenn ich mich während dieses ersten Tages noch an den Ablauf des gewöhnlichen Schulalltages klammere, wird mir das Außergewöhnliche dieser Situation doch langsam bewußt. So geht es auch meinen Schützlingen, und ich merke, wie wir alle allmählich ein wenig verrückt werden. Es gibt Augenblicke, in denen bin ich völlig demoralisiert. Ich denke nur noch an mich, fürchte, daß der Babysitter sich über meine lange Abwesenheit aufregen wird. Meine kleine Constance, die noch nicht einmal zwei Jahre alt ist ...

Ich denke an meine Großmutter. Eine alte Dame, die schon 83 Jahre alt ist und die ein krankes Herz hat. Sie ist tagsüber alleine und hört oft Radio, um sich die Zeit zu vertreiben, und wird die Neuigkeiten in den Nachrichten erfahren. Hoffentlich macht ihr Herz das mit. Sicherlich wird es das nicht aushalten – meine Großmutter wird sterben, wenn sie diese Nachricht hört. Ich bin mir absolut sicher, ich spüre es. Auf einmal wird mir furchtbar schlecht und meine Beine fangen an sehr stark zu zittern. Ich setze mich auf die Erde und warte, daß die Schmerzen wieder verschwinden. Es ist das erste Mal, daß ich dem Tod so direkt ins Antlitz blicke, und ich fühle, daß ich überhaupt noch nicht bereit für ihn bin. Es ist noch viel zu früh – für mich und für die anderen. Ich will meine Angst laut herausschreien. Der Gedanke an den Tod ist schrecklich. Früher habe ich mich nie mit ihm beschäftigt.

Ich hätte fast recht behalten. Meine Großmutter hörte die Nachricht im Radio, aber ihr Herz schaffte es. Durch sie erfuhr der Rest meiner Familie von der Geschichte. Die ganze Zeit über saß sie gebannt lauschend vor dem Radiogerät, Tag und Nacht. Ihr so zerbrechliches Herz hielt durch, als ob es weiterschlagen wollte, bis ich gerettet sein würde. Kurz danach starb meine Großmutter. Ich bin sicher, daß diese Geschichte sie umgebracht hat.

Mein erster Ausgang

Ich muß ganz furchtbar dringend auf die Toilette. Seitdem er hier in diesem Raum ist, hat der Mann sich geweigert, uns zur Toilette gehen zu lassen. Für sich selbst hat er eine Lösung gefunden: Er benutzt sehr diskret das kleine Waschbecken, das sich in der Ecke befindet, in die er sich zurückgezogen hat. Irgendwann im Laufe des Morgens hat der Chef der RAID an die Tür geklopft und einen Eimer gebracht, der den Kindern als Notbehelf dienen soll. Die meisten der Kinder finden das sehr lustig. »Pipi und Kakka machen«, ohne dazu rausgehen zu müssen, noch dazu in einen Eimer, was normalerweise strikt verboten ist, das ist wirklich höchst amüsant! Fast am laufenden Band setzen sie sich auf den Eimer, ganz ohne Probleme. Mit drei Jahren kennen die Kinder die Bedeutung des Wortes »Scham« noch nicht. Aber einige haben eine solche Angst vor diesem Fremden, daß sie ihre Schließmuskeln nicht mehr kontrollieren können und in die Hose machen. Sie müssen in diesem Zustand bleiben, bis sie freigelassen werden. Diese sind es auch, die als erste das Klassenzimmer verlassen werden ...

Ich möchte es unbedingt vermeiden, den Eimer benutzen zu müssen, und versuche, mich zurückzuhalten. Nachmittags klopft Louis Bayon an die Tür und schlägt vor, daß die Kindergärtnerin die Erlaubnis erhalte, für einen kleinen Augenblick den Raum zu verlassen, um zur Toilette gehen zu können. Was für eine phantastische Idee! Der Mann ist einverstanden und dieses eine Mal lächele ich zufrieden, fast glücklich vor mich hin!

Ich sage meinen Schützlingen, sie sollen schön brav sein und sich nicht vom Fleck rühren, ich würde schon bald wieder zurück sein. Sie sollen während meiner Abwesenheit auf keinen Fall Dummheiten anstellen. Die Kinder scheinen zu verstehen, was ich ihnen sagen will, und setzen sich brav auf den Boden, um auf meine Rückkehr zu warten. Ich stehe auf, klettere mit unendlicher Sorgfalt über die Drähte des Dynamits hinweg, die zwischen mir und der Tür gespannt sind, und verlasse das Klassenzimmer. Als ich einen Schritt in den Flur hinaus mache, werde ich auf einmal von einer entsetzlichen Panik ergriffen: Mir gegenüber erstreckt sich eine Mauer aus sehr großen, schwarz gekleideten Männern. Ich bin wirklich recht klein, und so reiche ich ihnen gerade mal bis knapp über die Taille. Es sind ein gutes Dutzend Männer ohne Gesicht, die hinter einer schwarzen Maske nur ihre Augen zeigen – genau wie der, der sich in meiner Klasse breitgemacht hat. Aber sie machen mir mehr Angst als der in der Klasse: Es sind mehrere und sie alle halten, in völliger Stille, schwere Maschinengewehre auf mich gerichtet. An ihren Gürteln hängt jeweils ein Messer, das ich in aller Deutlichkeit erkennen kann. Sie tragen kugelsichere Westen, solche, wie man sie in Filmen sieht. Sie sind wirklich furchterregend. Ich bleibe regungslos stehen, wage es nicht, auch nur den kleinen Finger zu rühren. Louis Bayon beruhigt mich und schiebt mich weiter den Flur hinunter. Beim Anblick dieser Männer, stumm und mit starrem Blick, wird mir das wahre Ausmaß der Gefahr bewußt. Ich bin mir jetzt sicher, daß das, was sich in meiner Klasse abspielt, schwerwiegend und außerordentlich real ist.

Der Chef der RAID stellt mir sehr präzise Fragen, geht dabei schnell und außerordentlich methodisch vor. Wo befinden sich die Dynamitstangen? Welche Farbe haben sie? Beschreiben Sie mir die Drähte, mit denen sie verbunden sind. Wie sieht der Zünder aus, den der Mann in der Hand hält? Was hat er Ihnen bis jetzt gesagt?

Ich bemühe mich, möglichst genau auf die Fragen zu antworten, die er mir stellt, so präzise zu sein wie er, und ich spüre, daß mir das dabei hilft, ein wenig Ordnung in meine Gedanken zu bringen. Es hat eine beruhigende Wirkung auf mich, mit jemandem zu sprechen, der die Dinge in die Hand zu nehmen scheint. In dem langen Flur ist nichts mehr von dem üblichen Lärm zu hören, den die anderen Kinder stets machen. Die Garderobenhaken sind leer, außer denen, die sich vor meiner Klasse befinden. Die Stille wirkt seltsam.

Zum ersten Mal bin ich alleine. Es ist angenehm, alleine zu sein, selbst in einem solch banalen Raum wie der Toilette. Ich hole tief Luft, atme ein paarmal tief durch, so, als ob das Eingesperrtsein eine körperliche Anstrengung wäre. Dann versuche ich, wieder zu meinem normalen Atmen zurückzufinden, das Zittern meiner Hände zu beruhigen, mich sicherer auf meinen Beinen zu fühlen. Ich blicke in den Spiegel, und fast überrascht es mich, mein

Gesicht dort wiederzufinden. Ich berühre meine Wange und spüre sie dort unter meinen Fingern. Ja, ich bin es, trotz dieser grauenvollen Geschichte. Mein Name ist Laurence, und ich bin noch am Leben.

Privatsekretärin

Das Leben im Klassenzimmer geht weiter, und ein gewisses Ritual bildet sich heraus: Eine Person klopft an die Tür, stellt sich mit lauter Stimme vor und muß auf der Türschwelle warten. Beim ersten Besuch verlangt der Mann von mir, zur Tür zu gehen und sie zu öffnen. Beim zweiten wieder. Dann habe ich verstanden, daß ich bei jedem Klopfen aufstehen, die Kinder zurücklassen und zur Tür gehen muß. Ich gewöhne mich immer mehr an die Drähte, die mit dem Dynamit verbunden sind. Anfangs scheint mir jeder meiner Schritte der letzte vor der Explosion zu sein, vor lauter Zittern habe ich meine Bewegungen nicht mehr genau unter Kontrolle und brauche endlos lange, um das Zimmer zu durchqueren. Im Laufe der Stunden und mit dem stetigen Hin und Her gewöhne ich mich am Ende daran und brauche schließlich nur noch wenige Minuten, um die Tür zu erreichen.

Wasser für die Kinder, ein Eimer, ein Radiogerät, Nahrungsmittel, Säcke mit Geld ... Ich bringe ihm, was er braucht, führe die Anordnungen aus, die er mir gibt, lasse gemäß seinem Willen einzelne Kinder frei. Seine Befehle werden stets von einem sehr gebieterischen »Bitteschön« begleitet, als ob er sich an seine Privatsekretärin wenden würde. Ich habe zu große Angst, daß er sich aufregen und auf seinen teuflischen Zünder drücken könnte, und so gehorche ich seinen Befehlen die meiste Zeit ohne Widerworte.

Von einem Augenblick auf den anderen will er mit »den führenden Männern des Staates« verhandeln, aber er äußert sich nicht näher, mit wem genau, und gibt die Idee sofort auf, als der Chef der RAID und ich ihm klarmachen, daß er übertreibt und daß das völlig unmöglich ist ... Die Zeit vergeht, und schon hat er eine neue fixe Idee: Er will eine Pressekonferenz mit dem Innenminister einberufen. Dann vergißt er das wieder und denkt sich etwas anderes aus.

Schnell! Sofort muß ein Telefon her, damit Charles Pasqua ihn in der Klasse anrufen kann. »Es ist sehr dringend«, macht er deutlich. Im Austausch gegen ein freigelassenes Kind bringt der Chef der RAID das Telefon der Direktorin, die über den einzigen Apparat im ganzen Gebäude verfügt.

Einige Minuten nachdem er angeschlossen worden ist, fängt der Apparat an zu klingeln. Wieder bittet der Mann mich, für ihn zu antworten. Ich nehme den Hörer ab – in der festen Überzeugung, den Innenminister am Apparat zu haben – und finde mich im Gespräch mit dem Ehemann der Direktorin wieder. Dieser weiß gar nicht, mit wem er redet, und bittet mich, ihm seine Frau zu geben. Ich antworte ihm, daß das zur Zeit unmöglich sei. Er erklärt mir, daß er sich große Sorgen mache, im Radio sprächen sie von einer Geiselnahme in der Schule! Er fragt mich nach Neuigkeiten, und ich versichere ihm, daß es seiner Frau gutgehe. Als ich meinen Namen nenne, begreift er sofort, von wo aus ich telefoniere, und wird sich der Situation bewußt. Er reagiert panisch, verwirrt, bestürzt, entschuldigt sich, in einem »solchen Moment« zu stören, und ich bin es schließlich, die ihn beruhigt: Im Augenblick seien die Kinder bei guter Gesundheit, und auch mir gehe es gut. Er stammelt ein paar Sätze, sagt mir auf Wiedersehen und legt auf.

Einige Minuten später ruft eine Freundin der Direktorin an, um nach Neuigkeiten zu fragen, dann eine weitere ... Im Laufe einer halben Stunde rufen zahlreiche Leute an, man glaubt sich in einer Telefonzentrale! Diese lächerliche Situation führt dazu, daß die Atmosphäre im Zimmer sich deutlich entspannt. Ich frage ihn, ob ich die Chance nutzen und meine Familie anrufen könne. Er erlaubt es mir, und ich wähle meine Nummer. Mein Schwiegervater ist am Apparat, und es bringt ihn völlig aus der Fassung, meine Stimme zu hören. Ich frage ihn, wie es meiner Tochter gehe ...

Der Minister jedoch ruft nicht an, und der Mann verlangt schließlich, daß man das Telefon wieder entferne.

Später fordert er, daß Charles Pasqua persönlich kommen solle. Der Chef der RAID erklärt ihm, daß der Innenminister verhindert sei, daß aber der Finanzminister, der gleichzeitig Bürgermeister von Neuilly[16] ist, bald eintreffen werde. So kommt es, daß ich Nicolas Sarkozy die Tür öffne. Der Mann scheint zufrieden, ihn zu sehen. Auf seine Anordnung hin bringt der Minister nach der Freilassung eines weiteren Kindes den Personalausweis von Charles Pasqua. Ich hole ihn umgehend ab und schließe die Tür vor dem Minister.

Als ich mir den Ausweis anschaue, erkenne ich das Gesicht von Charles Pasqua. »Ja, das sind ganz bestimmt seine Papiere«, sage ich ihm, bevor er mich überhaupt danach fragt, ein wenig verblüfft, diesen Ausweis in den Händen zu halten. Er überprüft es selbst noch einmal, und es scheint ihn friedlich zu stimmen, daß man einige seiner Befehle ausführt.

DRAUSSEN

Das lange Warten

14.00 Uhr: Mehr und mehr Journalisten versammeln sich vor der Schule. Auch ausländische Fernsehsender haben jetzt Aufnahmeteams vor Ort. Man trifft auf Amerikaner – allen voran CNN –, Japaner und zahlreiche Europäer (Italiener, Spanier, Engländer, Deutsche, Belgier ...).

Das Schulzentrum ist groß und erstreckt sich über mehrere Hektar. Es hat zwei Eingänge: Einen für die *école maternelle*, die Vorschule, den anderen einige Straßen weiter, für die *école primaire*, die Grundschule.

Diese zwei Eingänge erschweren die Aufgabe der Journalisten. Wo muß man sich aufbauen, um »besser plaziert« zu sein und um eine größere Chance zu haben, »etwas« mitzubekommen? Die großen Medien lösen dieses Problem sehr schnell, indem sie an jedem Eingang ein Team aufstellen.

Vor Ort erhalten die Journalisten nur wenige Informationen über den Verlauf der Geiselnahme. Einige fragen bei ihren Redaktionen an, um den Inhalt der letzten Meldungen von der französischen Presseagentur zu erfahren. Andere rufen direkt bei einem Kontaktmann an. Für alle verstreicht die Wartezeit sehr langsam.

Im Laufe der Stunden werden einige der Kinder freigelassen. Das Mittagessen wird serviert, dann der nachmittägliche Kuchen. Vor der Schule hält eine Mutter ein Fläschchen in der Hand, eine andere hat Stofftiere dabei;

ein geheimnisvolles Auto fährt in den Schulhof ein. Man weiß, daß der Geiselnehmer 100 Millionen Francs fordert. Er soll »ruhig und entschlossen« sein.

Jede Stunde widmen die Radiosender den Hauptanteil ihrer Nachrichten der Geiselnahme. *France Info* berichtet stündlich davon. Die Reporter sind live auf Sendung. Nachmittags verläßt der Polizeipräfekt für einen Augenblick das Gebäude und spricht mit der Presse. Er gibt ihnen sehr großzügig Informationen über den Stand der Verhandlungen zwischen dem Geiselnehmer und den Vertretern des Staates. Die Journalisten hören zu, schneiden mit und wählen Passagen für ihre jeweiligen Zeitungen aus.

15.00 Uhr: Einige Fernsehreporter und Photographen haben genug davon, »nichts zu sehen«, und dringen in ein an die Schule grenzendes Gebäude ein. Eine der dort wohnenden Familien läßt sie in ihrer Wohnung an die Fenster, die direkt auf den Schulhof gehen. Sie werden dort bis zum Ende des Tages auf der Lauer liegen, um »etwas« zu sehen. Aber im Laufe des Abends untersagt die Polizei der Presse den Zutritt zu diesen Gebäuden.

DRINNEN

Wie ein Automat

»Wenn Sie am Leben bleiben möchten, Laurence, hören Sie mir gut zu: Die Bullen sind entschlossen, mich abzuknallen, und werden alles tun, um dieses Ziel zu erreichen. Die Zahl der Toten ist ihnen egal, Hauptsache, ich bin dabei. Sie werden nur ein kleines Mißgeschick unter anderen, unzählbar vielen, sein.«

Der Mann wird jetzt geradezu geschwätzig und hält noch weitere Reden dieser Art. Er hat offensichtlich Lust zu reden. Ich nutze das aus und versuche ihn davon zu überzeugen, seinen ganzen Plan aufzugeben. Ich rede mit ruhiger Stimme auf ihn ein: »Die Eltern der Kinder werden sehr leiden und möchten um alles in der Welt ihre Kleinen wiedersehen ... Wenn Sie meine Tochter als Geisel genommen hätten, wäre ich schon vor langer Zeit gekommen, um sie hier herauszuholen – bevor ich völlig durchgedreht wäre.«

Er fährt fort in seiner langen Rede: »Die Polizisten lügen; sie sagen den Eltern ganz bestimmt nicht die Wahrheit, sonst würden diese sich nicht solche Sorgen machen. Ich tue niemandem was, und das wissen Sie genau.«

Ich bin verwirrt. Sein Gerede von einer Überreaktion und Mißgeschicken macht mir Angst. Er erklärt mir, daß man um jeden Preis die Familien beruhigen müsse, ohne Wissen der Polizisten – denn die würden nur daran denken, wie sie ihn am besten loswerden könnten, und nicht etwa daran, wie die Eltern sich fühlten oder an das Schicksal der Kinder. Er hält mir ein neues Bündel maschinengeschriebener Seiten hin. Ich überfliege den Text. Er erklärt darin, daß es den kleinen Geiseln gutgehe ... Ich denke nicht nach, zögere nicht einen Augenblick: Ich nehme die Papiere, rolle sie zusammen und stecke sie in meinen Hosenbund, verberge sie unter meiner Bluse.

Dann lasse ich ihn alleine mit den Kleinen, die sich in ihrer Ecke irgendwie beschäftigen und allen möglichen Unsinn anstellen. Als ich den ersten Schritt in den Flur hinaus tue, legen die Männer der RAID auf mich an, so wie auf jeden, der sich der Tür nähert. Ich erkläre ihnen, daß ich die Eltern sprechen will. Man hat sie ein ganzes Stück entfernt untergebracht, in der Grundschule, die direkt neben der Vorschule liegt. Der Chef der RAID zeigt mir den Weg. Das ist das erste Mal, daß ich die Schule verlasse und mich derart weit von meinen Schützlingen entferne. Als ich zur Grundschule komme – ich war noch nie zuvor in diesem Gebäude –, bin ich überrascht über die große Menschenmenge, die sich dort eingefunden hat.

Alle anwesenden Personen sind in der großen Halle versammelt. Man hat sie in einzelne Gruppen aufgeteilt. Lange Planen sind aufgespannt worden, die die Halle in verschiedene Bereiche unterteilen. In diesen Abschnitten finden sich die Menschen zusammen, je nach der Rolle, die sie in unserer Geschichte spielen. Im ersten Abschnitt halten sich nur die Männer der RAID auf, sehr viele von ihnen. Dort ruhen sie sich aus, essen und lösen sich ab. Danach durchquere ich die Zone der Feuerwehr, dann die der SAMU[17] und noch einige andere. Ich sehe viele Männer und Frauen, von denen ich nicht weiß, wer sie sind noch was sie hier machen. Eine Ecke ist auch dem Personal und dem Mitarbeiterstab des Rathauses von Neuilly vorbehalten. Ich wundere mich, daß dort so viele Menschen versammelt sind. Unter ihnen ist auch die Pressesprecherin von Nicolas Sarkozy.

Nach dieser langen Wanderung erreiche ich endlich die hinteren Abschnitte, in denen sich die Familien aufhalten. Als sie mich erkennen, stürzen die Väter und Mütter sich auf mich und wollen Neuigkeiten von ihren Kleinen. Zuerst schildere ich ihnen die allgemeine Lage und versuche dann, über jedes Kind etwas zu sagen. Maxime[18] hat gut gegessen, Zoé hat ihr Zuhause gemalt, Paul ißt immer noch mit gesundem Appetit, Aurélie hat ein Puzzle gemacht, Joséphine glaubt, daß es sich um einen Polizisten handelt. Eltern haben es immer gerne, wenn man ihnen von ihrem Kind erzählt, und das gilt heute noch viel mehr als sonst.

Vorsichtig hole ich die Zettel aus ihrem Versteck und verteile sie. »Der Mann hat mir dies für Sie gegeben.« Die Familien haben kaum Zeit, den Text zu überfliegen, als schon die Männer der RAID auftauchen und ihnen die Zettel wieder abnehmen. »Lesen Sie diesen Text nicht, und glauben Sie diesem Mann nicht«, sagen sie. »Vertrauen Sie uns, wir sind es gewohnt, mit solchen Menschen umzugehen. Wenn Sie uns in Ruhe unsere Arbeit machen lassen, werden wir Ihre Kinder retten.« Einige Väter, die den Text zu Ende lesen wollen, um vielleicht zusätzliche Informationen zu erhalten, protestieren. Dann lassen sie sich überzeugen.

Ich selbst schäme mich nicht im geringsten, die Zettel ohne Wissen der Polizei herausgeschmuggelt zu haben. Ich habe nur eins im Sinn: das Leben der Kinder und mein eigenes zu retten. Wie ein Automat registriere ich, was um mich herum geschieht, sehe, ohne Anteil daran zu nehmen, wie die anderen sich bewegen – sei es der Geiselnehmer oder die Männer der RAID. Ganz mechanisch führe ich die jeweiligen Befehle aus.

Mein Mann, meine Mutter und meine Schwiegermutter

sind auch da. Nach einigen gemeinsamen Augenblicken mit ihnen sage ich, daß ich in mein Klassenzimmer zurück muß. Meine Mutter versucht mich aufzuhalten. »Bleib doch bei uns«, sagt sie, ohne selbst daran zu glauben. Ich erkläre ihr, daß ich nicht anders kann, als zurückzugehen. Die Kinder warten auf mich, sie brauchen mich, und ich habe keine andere Wahl. Zwar bin ich im Augenblick körperlich bei meiner Familie anwesend, aber meine Gedanken weilen dort drüben, in dem anderen Gebäude.

Auch mein Mann hält mich nicht zurück. Später erzählt er mir, was es für ein furchtbarer Anblick gewesen ist, als ich mich langsam wieder in Richtung des Klassenzimmers bewegt habe. Ich habe wohl den Eindruck erweckt, sie anzusehen, ohne sie richtig wahrzunehmen. Sie waren bestürzt angesichts meiner fast gleichgültigen Haltung ihnen gegenüber und gegenüber dem, was sie mir zu sagen hatten. Ich stand neben ihnen und war doch weit weg.

Während der ganzen restlichen Zeit der Geiselnahme werde ich regelmäßig zu den Eltern der Kinder gehen und ihnen alle Einzelheiten über den Zustand und das Verhalten ihrer Kinder berichten.

Ich gehe wieder zurück zur Vorschule. Im Flur packt mich die Nummer zwei der RAID am Arm und zieht mich mit sich. Freundlich, aber bestimmt stellt er mir eine Frage:

»Haben Sie schon einmal von dem Stockholmsyndrom gehört?«

»Nein, bisher noch nicht.«

Er erklärt mir, daß bei den meisten Geiselnahmen die Opfer aus einer Art Überlebensinstinkt heraus die Partei ihrer Geiselnehmer ergreifen und sich gegen die Menschen stellen, die sie retten sollen. Ich habe noch nie davon gehört, aber als ich mich an das Bündel Papier unter meiner Bluse erinnere, fühle ich mich sogleich angesprochen und bin ein wenig beschämt. Dann erzählt er mir etwas über die RAID:

»Entgegen dem, was Sie vielleicht denken, sind wir keine miesen, brutalen und unmoralischen Bullen. Unser Vorgehen ist wohldurchdacht. Sicher, wir haben Waffen und wir wissen sie auch zu gebrauchen, aber wir setzen sie nicht um jeden Preis ein. Vertrauen Sie uns, Laurence. Gehen Sie nicht in die Falle dieses Geiselnehmers. Der Mann redet irr und hat ganz sicher nicht Ihr Bestes im Sinn. Hüten Sie sich vor dem Stockholmsyndrom, und – vor allem – verheimlichen Sie uns nichts.«

Ich höre ihm aufmerksam zu, und nach und nach gelingt es mir, mich aus dem Zustand der Erstarrung zu lösen, die mich befallen hatte. Der Mann ist intelligent und sehr überzeugend. Er gibt mir meinen eigenen Willen, mein eigenständiges Denken zurück. Er vertraut mir sogar eine Mission an, die mir neue Kraft geben und mich davon abhalten soll, wieder in den Bann des Geiselnehmers zu geraten: Ich soll dem Mann schmeicheln, ihn dazu bringen, von sich und seiner Familie zu erzählen, seine Widerstandskraft testen und ihn unter Druck setzen, so daß er seine wahren Absichten enthüllt oder zusammenbricht und sein verrücktes Unternehmen aufgibt. »Er vertraut Ihnen, Laurence, nutzen Sie dies aus, um uns zu helfen.« Ich klammere mich an diesen Appell, der mich als Freiwillige anwirbt, und kehre voller guter Vorsätze zu meinem Arbeitsplatz zurück. Ich hatte eine Mission zu erfüllen, als ich gegangen bin; jetzt, als ich zurückkomme, habe ich eine andere Mission zu erfüllen.

Ich betrete das Klassenzimmer. Die Kinder sind glücklich, mich wiederzusehen, und stürzen sich geradezu auf mich. Ich erzähle ihnen ein paar Geschichten, um sie abzulenken, und dann gehen sie wieder spielen, entweder für sich alleine oder in kleinen Gruppen. Der Mann will nichts wissen von meinem Treffen mit den Familien, ihre Sorgen interessieren ihn nicht länger, und es ist ihm egal, ob sie seine Mitteilungen haben lesen können. Er scheint den Grund meiner Abwesenheit vergessen zu haben und auch den Auftrag, den er mir erteilt hat. Zwischenzeitlich hat sich seine Aufmerksamkeit ohne Zweifel auf etwas anderes gerichtet.

Also mache ich mich an meine neue Aufgabe. Zuerst versuche ich möglichst unauffällig, etwas über ihn und seine eventuelle Familie zu erfahren. Aber er widersteht meinen Fragen, weigert sich zu sprechen. Dann stürze ich mich in einen langen Monolog: »Hören Sie, ich glaube, sie müssen Ihren Plan aufgeben. Denken Sie an Ihre Familie. Das hier ist einfach unvernünftig, ja, sogar gefährlich. Sie sind müde, müssen lauter Unbequemlichkeiten ertragen, die Kinder sind überdreht, ich selbst bin erschöpft. Sie sollten wirklich aufgeben.«

Er antwortet immer noch nicht und schaut mit gleichgültiger Miene an mir vorbei, um zu signalisieren, daß er sich nicht auf mein Spiel einlassen wird. Sein Verhalten macht mich furchtbar wütend, und ich werde sehr schnell laut. Ich bin voller Aggressivität und werfe ihm nun all das an den Kopf, was sich in mir angesammelt hat, seitdem er unser aller Leben völlig durcheinandergebracht hat, und was ich ihm bisher nicht zu sagen wagte: »Wird dieser Zirkus noch lange weitergehen? Glauben Sie nicht, daß die Komödie lange genug gedauert hat? Ich habe genug von Ihrer Geiselnahme, habe die Nase gestrichen voll von Ihnen und Ihren Dynamitstangen, Ihren Launen und Stimmungen. Außerdem erstickt man in diesem Zimmer. Man kommt fast um vor Hitze, und es stinkt! Haben Sie auch nur einmal an die Eltern der Kinder gedacht, an die Qualen, die sie Ihretwegen durchleiden? Das ist wirklich niederträchtig, Sie sollten sich schämen! Ich kann nicht mehr, ich will zu meiner Tochter. Es ist nicht meine Schuld, wenn Sie Geld brauchen, und auch die Kinder können nichts dafür. Ich warne Sie, wenn Sie nicht sofort damit aufhören, werde ich diesen Raum verlassen und nicht mehr wiederkommen. Nie mehr. Haben Sie mich verstanden?«

Er antwortet nicht. Völlig außer mir, zitternd vor Wut, nehme ich meinen Mantel, schaue ihm direkt in die Augen und brülle ihn an: »Ihr Pech, ich gehe jetzt!« In dem Moment, in dem ich mich anschicke, den Raum zu verlassen, höre ich, wie er mir endlich mit ruhiger Stimme antwortet: »Sie gehen, aber ich bin mir sicher, daß Sie wiederkommen werden.« Ich drehe mich auf dem Absatz um und knalle die Tür hinter mir zu.

Ich bin nicht »die mutige Kindergärtnerin«

Er hat recht behalten: Ich bin kurz darauf zurückgekommen. Ich habe mich nur kurz mit den Männern der RAID besprochen. Nach einem kurzen Besuch bei den Eltern habe ich im Hof einige Atemübungen gemacht und bin dann wieder in das Klassenzimmer zurückgegangen, um nach meinen Kindern zu sehen. Es war leicht für ihn, sich meiner Rückkehr so sicher zu sein: Ich hatte keine andere Wahl. Wie hätte ich mit dem Gedanken weiterleben können, meine Schützlinge alleine gelassen zu haben, als sie in Gefahr waren und mich brauchten? Verglichen mit dem, was ich gerade durchmache, wäre diese Vorstellung ein wirklicher Alptraum – aber im Augenblick denke ich über all dies nicht nach. Die Frage, ob ich in das Klassenzimmer zurückgehen werde, stellt sich weder mir noch den anderen.

Nach meiner Rückkehr in die Klasse wird den Medien erzählt, daß ich mich »aus freiem Willen« dazu entschlossen habe zu bleiben. Fortan nennen sie mich nur noch »die mutige Kindergärtnerin«, als ob ich eine Kriegsheldin wäre! Doch meine Rückkehr ist wirklich nichts Besonderes. Der Geiselnehmer ist kein Monster. Er hat sich mir oder den Kindern gegenüber nicht im geringsten gewalttätig gezeigt. Er setzt seine verrückten Drohungen nicht in die Tat um. Er schreibt schreckliche Dinge, und manchmal sagt er sie auch. Aber was er tut, ist nicht schrecklich. Er läßt immer wieder Kinder frei, und irgendwie ahne ich, daß er am Ende ganz alleine sterben wird.

Kinder werden in ihrer Klasse stets von ihrer Erzieherin beaufsichtigt, ich muß also zurückgehen, das ist eine Frage der Logik. Ich bin Kindergärtnerin und ich habe die Verantwortung für meine Schützlinge, so wie ein Arzt sich um seine Kranken kümmert, wie ein Pilot seine Passagiere zu ihrem Ziel bringt ... Nicht ich bin es, die außergewöhnlich ist, sondern die Geschichte, die ich erlebe. Man kann es auch anders sagen: Jeder, der sich einer großen Gefahr gegenübersieht, einer tödlichen Gefahr, ist automatisch mutig. Und so ist dieses Potential in uns allen vorhanden. Ich weiß, daß es – zumindest für die, die damit vorliebnehmen – immer bequemer ist, Klischees zu entwerfen, irgendwelche Unbekannte auf ein Podest zu heben und ihnen ein Etikett mit der Bezeichnung »bewundernswerte Persönlichkeit« aufzukleben. Dann wird dies immer wieder wiederholt, und irgendwann wird es von jedermann als eine unumstößliche Wahrheit akzeptiert. Die Vorstellung der »braven Kindergärtnerin, die einen großartigen Beruf ausübt«, entstammt den alten Stichen, die aus der Wirklichkeit ein ebenso einfaches wie mitreißendes Wunschbild machen.

Aber unter diesem Beinamen der »mutigen Kindergärtnerin« leide ich noch heute, vor allem, wenn ich mit der Aufmerksamkeit und der befremdlichen Neugier fertig werden muß, die ich bei anderen hervorrufe. Ich bin kein außergewöhnlicher Mensch. Keine Kindergärtnerin würde ihre Kinder in einer gefährlichen Situation im Stich lassen. Jeder einzelne meiner Kollegen und Kolleginnen wäre in die Klasse zurückgekehrt.

Als ich zurückkomme, sitzt der Mann immer noch an derselben Stelle auf seinem Kinderstuhl. Er trägt auch immer noch seine Maske, die ihn fremd und gefährlich erscheinen läßt. Ohne auch nur die geringste Bemerkung fallen zu lassen, lächelt er mich an. Er wirkt selbstzufrieden. Dieses arrogante Grinsen reizt mich, und ich wende mich abrupt ab. Die Kleinen sind sichtbar glücklich, mich wiederzusehen, und ihre Zufriedenheit gibt mir neuen Mut.

Den ganzen Nachmittag über werden Kinder freigelassen, immer wenn die verschiedenen Forderungen des Mannes erfüllt werden: Geld, Wasser, der nachmittägliche Kuchen, noch mehr Geld ...

Anfangs lasse ich das erste Kind frei, das mir unter die Augen kommt. Dann fange ich an auszuwählen: die schwächsten, die Kinder, die sich wirklich schlecht fühlen, die zu große Angst haben, die Fieber haben und die weder trinken noch essen wollen.

Als er genug von den lärmenden Kindern hat, die das dauernde Eingesperrtsein richtig wild werden läßt, befiehlt er, ein Arzt solle kommen und ihnen Spritzen geben. Eine Ärztin, genauer gesagt. Der Chef der RAID ist einverstanden. Catherine Ferracci, Ärztin der SAMU, betritt das Zimmer. Sie untersucht die Kleinen und gibt denen, die jegliche Nahrungsaufnahme verweigern, Zuckerwasser, um ein Austrocknen zu verhindern. Der Mann beruhigt sich und spricht nicht mehr von irgendwelchen Spritzen.

Louis Bayon, der nach wie vor sehr vorsichtig vorgeht,

klopft an die Tür und schlägt vor, Matratzen für den Mittagsschlaf der Kinder zu holen. Der Mann ist einverstanden, und Bayon bringt einige Matratzen für die übriggebliebenen Kinder. Catherine und ich verteilen die Matratzen auf den wenigen Quadratmetern Boden, die uns zur Verfügung stehen, und die Kinder strecken sich eins neben dem anderen darauf aus. Wie durch Zauberhand schlafen sie brav ein, sie sind erschöpft.

Rückblickend erinnere ich mich heute an diesen Mittagsschlaf als einen Augenblick der Ruhe inmitten eines verrückten, chaotischen Tages.

Während die Kinder schlafen, schlägt Catherine mir vor, das Zimmer sauberzumachen, in dem mittlerweile ein ziemlicher Gestank vorherrscht. Der Mann erteilt uns seine Erlaubnis. Es ist eine gute Idee, sie wird mich ein wenig auf andere Gedanken bringen.

Catherine hat wohl sofort gespürt, wie deprimiert ich bin. In diesem Augenblick lastet die Ungewißheit unseres Schicksal schwer auf mir, und ich denke ohne Unterlaß an eine Pistolenkugel und an die Zeit, die sie benötigt, um ihr Ziel zu erreichen. Mit ihrer Idee, das Zimmer sauberzumachen, gelingt es Catherine, diese Kugel aus meinen Gedanken zu verdrängen. Wir räumen auf, schmeißen den Abfall weg, schütteln alles aus ... Catherines Gesellschaft ist wie ein frische Brise.

Dann wird sie von Évelyne Lambert abgelöst, und ich weiß heute nicht mehr, warum. Évelyne wird bis zum Schluß der Geschichte im Klassenzimmer bleiben. Sie ist medizinischer Hauptmann der Pariser Feuerwehr, sagt dem Geiselnehmer und mir aber nur, daß sie Ärztin ist. Évelyne und ich reden viel miteinander, um uns die Zeit zu vertreiben. Sie erzählt mir von ihrer Familie, ich ihr von meiner. Wir reden über ihren Vater, der Lehrer ist, meine Tochter und meinen Mann. Wir finden uns gleich sympathisch, und unsere Unterhaltungen sorgen dafür, daß die Atmosphäre im Zimmer sich entspannt. Die Kinder stellen sich schnell auf die neue Stimmung ein, und auch der Geiselnehmer reagiert positiv darauf.

Gegen Ende des Nachmittags schlägt der Mann mir vor zu gehen, er spürt sicherlich, wie deprimiert ich bin. Er will verlangen, daß eine meiner Kolleginnen mich ablöst. Ich sage ihm, daß das unmöglich sei, die Kinder bräuchten mich.

Er besteht nicht weiter darauf. Aber von diesem Augenblick an läßt er mir ein wenig mehr Freiheit. Es ist, als ob er mir ein wenig Vertrauen entgegenbrächte. Ich zeige ihm gegenüber weder Haß noch Sympathie oder gar Mitleid. Er weiß, daß ich nur der Kinder wegen bleibe, und meine Gleichgültigkeit ihm gegenüber scheint eine beruhigende Wirkung auf ihn zu haben. Mit seiner Erlaubnis kann ich immer wieder den Raum verlassen und Medikamente holen, Wasser, Brot und eine ganze Menge anderer Dinge, je nachdem, was die Kinder gerade nötig haben oder was der Mann gerade fordert. Stillschweigend gesteht er Évelyne dieselbe Bewegungsfreiheit zu. Er scheint unser fürsorgliches und zugleich professionelles Handeln zu schätzen. Ich glaube, es beruhigt ihn, uns arbeiten zu sehen. Évelyne ist Ärztin, ich bin Kindergärtnerin, und wir beide gehen unserem Beruf nach, während er seiner Geiselnahme nachgeht. Manchmal sind wir alle beide im Zimmer, manchmal darf auch eine von uns hinausgehen. Wir richten eine Art Wachablösung ein, passen abwechselnd auf die Kinder auf.

Um die Zeit totzuschlagen, frage ich Évelyne im Laufe unserer Gespräche nach ihrer Ausbildung, ihrer Spezialisierung, dem Krankenhaus, dem sie zugeordnet ist, und nach anderen Einzelheiten ... Sie wird nervös und flüstert mir ins Ohr: »Das erkläre ich dir später.« Ich verstehe, daß ich eine Dummheit gemacht habe, als ich diese Fragen stellte. Der Mann hat mitbekommen, daß sie flüstert und reagiert sofort darauf. Sehr bestimmt verlangt er, ihren Dienstausweis zu sehen. Évelyne holt ihn hervor und zeigt ihn ihm sehr flüchtig, so daß er nicht alle Einzelheiten lesen kann. Später verstehe ich, warum ihr nicht gerade daran gelegen ist, ihm ihren Ausweis zu zeigen. Darauf ist zu lesen, daß sie nicht nur Ärztin, sondern auch Hauptmann bei der Feuerwehr ist, also praktisch zum Militär gehört[19]. Er wird nervös und unterstellt ihr, ein Mitglied der RAID zu sein. Das Gespräch zwischen ihnen wird angespannt, und fast instinktiv richtet sich mein Blick auf den Zünder, den der Mann in der Hand hält. Évelyne schwört ihm, Ärztin zu sein, und zum Beweis setzt sie an zu einem ausführlichen medizinischen Vortrag über die Symptome gewisser Krankheiten. Sie bedient sich dabei einer Ausdrucksweise, wie sie unter Medizinstudenten üblich ist; schließlich gelingt es ihr, ihn davon zu überzeugen, daß sie wirklich Ärztin ist. Dann kehrt wieder Ruhe ein im Klassenzimmer.

Zwischen Cannes und Neuilly

Es ist 20.00 Uhr, Zeit für die Fernsehnachrichten. Der Mann befiehlt mir, den Fernseher anzumachen und das 1. Programm einzuschalten. Kurz zuvor hat er verlangt, mit einem Journalisten dieses Senders sprechen zu können. Ich bin gerade nicht im Klassenzimmer gewesen, aber ich weiß, daß man diese Forderung im Austausch gegen die Freilassung eines Kindes erfüllt hat. Vor dem Besucher hat der Mann wiederholt, daß er die Kinder im Austausch für 100 Millionen Francs freilassen werde. Er wollte sich direkt und ohne die Vermittlung der Polizei an die Journalisten wenden, da er fest davon überzeugt ist, daß die Polizisten der Presse nicht die ganze Wahrheit sagen. Jetzt will er überprüfen, ob der Reporter auch in der richtigen Art und Weise von ihm spricht.

Die Kinder beschäftigen sich so gut sie können mit sich selbst, während die Erwachsenen sich die Nachrichten ansehen. Heute sind wir hier in Neuilly an erster Stelle der aktuellen Meldungen; erst danach wird von den Eröffnungsfeierlichkeiten in Cannes berichtet. Der Journalist von *TF1* spricht live, er steht vor dem Schulzaun. »Auf Verlangen des Geiselnehmers war ich im Klassenzimmer«, erzählt er. Bis auf die Tatsache, daß der Raum eher dem Zimmer eines Kindergartens als einem Klassenzimmer gleiche, hat er wenig Neues zu berichten. Ich kann ein Lächeln nicht unterdrücken. Man merkt, daß der Herr Reporter nicht sehr oft einen Fuß in die Räumlichkeiten einer Vorschule gesetzt hat! Dann folgt eine Reportage nach der anderen. Offensichtlich drängen sich viele Journalisten und Neugierige in den Straßen um das Schulzentrum. Ich bin verblüfft über die Kluft, die sich zwischen der Realität und den Berichten der Journalisten auftut: Sie wissen immer noch nichts Neues, reden aber die ganze Zeit, berichten über die Zusammensetzung unsres Abendessens, zeigen eine Mutter, die ein Federkissen für die Nacht bringt, eine zweite, die Wasserflaschen heranschleppt, Stofftiere ... Sie sprechen von einer Explosion, die sich vor einigen Tagen in einem Parkhaus in Neuilly zugetragen habe. Nach ihrer Berichterstattung »wirkt der Geiselnehmer ruhig und entschlossen«.

Um einen besseren Blick auf den Fernseher zu haben, ist der Mann aufgestanden. Er hört sehr genau zu und scheint zufrieden zu sein mit dem, was man über ihn sagt. Als er den Besuch eines Journalisten von *TF1* gefordert hat, hat man seine Forderung erfüllt. Es war sein Traum gewesen, ganz alleine die gigantische Maschinerie der Medien in Gang zu setzen, und dieser Traum ist in Erfüllung gegangen. So wie manchmal in der Sprunghaftigkeit seiner Forderungen seine Verrücktheit zum Ausdruck kommt, so zeigt er doch auch von Zeit zu Zeit, daß er durchaus eine geradezu mathematisch-logische Denkweise beherrscht.

Im Fernsehen läuft nun die Berichterstattung über das Festival von Cannes: P.P.D.A.[20] in Begleitung Catherine Deneuves auf der Croisette. Im nachhinein weiß ich sehr gut, daß diese Bilder mit unserer Lage in keinerlei Zusammenhang stehen, aber in diesem Moment, in dem wir am Wahnsinn und am Unglück eines Mannes zu sterben drohen, erscheint mir der visuelle Einbruch Cannes' in dieses Klassenzimmer fast surrealistisch.

DRAUSSEN

»Es ist kein Afrikaner«

18.56 Uhr: Nicolas Sarkozy, Finanzminister und Bürgermeister von Neuilly, verläßt das Schulgebäude und wendet sich an die Presse. Er verkündet mit lauter Stimme, daß der Geiselnehmer einen Journalisten des 1. Programms sehen will. Einige Reporter haben Schwierigkeiten, diese Forderung zu akzeptieren. Warum gerade er? murmelt man auf der Straße, wohl wissend, daß der Geiselnehmer nur den Gesetzen des Marktes folgt: Er will die größtmögliche Anzahl von Zuschauern erreichen und hat darum das Programm mit den höchsten Einschaltquoten gewählt.

19.06 Uhr: Der Forderung des Mannes, der sich »H.B.«[21] nennt, wird im Austausch gegen die Freilassung eines Kindes erfüllt. Ein Journalist von *TF1* macht sich auf den Weg in das Klassenzimmer.

19.10 Uhr: Der Journalist von *TF1* verläßt das Klassenzimmer wieder. Die Polizisten unterhalten sich mit ihm, dann kehrt er zu seinen Kollegen auf der Straße zurück, ohne ein Wort zu sagen.

20.00 Uhr: Die Nachrichtensendungen beginnen.

Der Sprecher von *TF1:* »Bis jetzt wissen wir sehr wenig; allerdings wurde einer unserer Reporter aufgefordert, sich in das Schulgebäude zu begeben.«

Der Journalist von *TF1* spricht live von seinem Posten vor der Schule: »Der Geiselnehmer hat mir mitgeteilt, daß er mich aus folgendem Grund habe kommen lassen: Ich soll in den 20-Uhr-Nachrichten klarstellen, daß seine Forderungen rein finanzieller Art sind [...]. Er ist maskiert und scheint von seiner Hautfarbe her nicht, wie anfangs gesagt, afrikanischen Ursprungs zu sein; ich nehme an, daß er Franzose ist«[22] ...

»Einer unserer Kollegen ist vor Ort gewesen [...]. Der Mann spricht ohne Akzent ...«[23] hört man einige Minuten später auf einem der Konkurrenzsender.

Dann werden in verschiedenen Reportagen die »Ereignisse« des Tages rekonstruiert: Die Freilassung einiger Kinder, die Lösegeldforderung von 100 Millionen Francs, der Finanzminister, der als Unterhändler fungiert, das Eingreifen der Männer der RAID, ein Auszug aus der Verlautbarung des Präfekten.

In einigen Berichten erwähnt man zum ersten Mal die »mutige Kindergärtnerin«.

DRINNEN

Rechenstunde

Nicolas Sarkozy kommt oft an die Tür. Mal bringt er Geld, mal versucht er, ein Kind freizubekommen. Manchmal reden die beiden Männer auch nur miteinander.

Heute sind meine Erinnerungen an die herbeigeschafften Geldsummen und die Entwicklung der Verhandlungen nur noch sehr wage; aber damals habe ich mich nach und nach an die Situation gewöhnt, zumal wir schließlich zu einem gewissen Rhythmus gefunden hatten.

Der Mann ist nicht mehr das gefühllose Monster, das er noch am Beginn des Morgens war. Regelmäßig läßt er ein Kind frei, und ich ahne, daß die Geschichte bald eine Ende haben wird.

Als die Nacht anbricht, haben wir schon 14 Kinder freibekommen, nur noch sieben sind im Klassenzimmer. Gegen 20.00 Uhr verlangt der Entführer Geld, mehr Geld. Nicolas Sarkozy erklärt ihm, daß er die geforderte Summe nicht in so kurzer Zeit zusammenbekomme. Er rät ihm, sich mit 50 Millionen Francs zu begnügen statt mit 100 Millionen, die er sowieso nicht transportieren können werde. Der Mann in Schwarz wird wütend und wirft dem Bürgermeister von Neuilly vor, sich nicht ausreichend um ihn zu kümmern; er halte sein Wort bezüglich der versprochenen Summen nicht. Daraufhin erhebt auch Nicolas Sarkozy die Stimme und verbietet ihm, an seinem Wort zu zweifeln. Die Atmosphäre ist angespannt;

dann beruhigt der Minister sich und beginnt, leise auf den Mann einzureden, bittet ihn, Geduld zu zeigen und verläßt den Raum.

Évelyne und ich sagen den Kindern, daß nun Schlafenszeit sei. Wir breiten die Matratzen wieder auf dem Boden aus und unsere Schützlinge legen sich schlafen. Später am Abend klopft der Minister an die Tür und bringt einen neuen Koffer, in dem sich ich weiß nicht wie viele Millionen Francs befinden. Ohne vorher um Erlaubnis gefragt zu haben, nimmt Évelyne ein kleines Mädchen auf den Arm und reicht sie mir. Ich übergebe sie sogleich dem Minister, und dieser verläßt das Zimmer. Dann schließe ich die Tür wieder. Wütend über unsere Eigeninitiative brüllt der Mann uns an: »Ich habe Ihnen nicht erlaubt, die Kleine zu nehmen! Machen Sie das bloß nicht noch einmal!« Évelyne und ich müssen einsehen, daß die Gefahr nach wie vor akut ist. Er ist es, der den Zünder in der Hand hält. Wir haben 15 Kinder freibekommen. Nun bleiben noch sechs kleine Mädchen übrig, die mit zusammengeballten Fäusten dort liegen und schlafen.

Völlig erschöpft lasse ich mich auf dem Fußboden nieder. Ich betrachte mein Klassenzimmer und erkenne es nicht wieder. Die im Überfluß vorhandenen Lebensmittel liegen über die Tische und den Boden verteilt, oft völlig zermatscht. Reste von Fisch mit Sauce, Reis, Käsestücke, zerkrümelte Plätzchen, halb geleerte Joghurtbecher, zerquetschte Früchte ... Der Eimer, der den Kleinen als Toilette dient, ist immer noch nicht ausgeleert worden. All das stinkt fürchterlich: ein Gestank nach Exkrementen, Schweiß und verdorbenen Lebensmitteln. Seit mehr als zwölf Stunden ist der Raum nicht gelüftet worden, und die aufgestaute Hitze des Tages macht die Luft unerträglich stickig. Wir schlagen dem Mann vor, ein Fenster zu öffnen, um ein wenig frische Luft hereinzulassen, aber er erlaubt es uns nicht. Nichts darf in das Zimmer herein, noch nicht einmal ein frischer Luftzug.

Der Raum kommt mir viel kleiner vor als gewöhnlich. Er ist überfüllt mit überall verteilt liegenden großen Säkken. Säcke aus Jute und ein großer Koffer, alle voller Geld. So viel Geld, daß man nicht mehr weiß, was man damit machen soll.

Auf einmal kommt ihm eine neue, verrückte Idee in den Sinn: Das Geld muß gezählt werden, um sicher zu gehen, daß die Polizei und Sarkozy ihn nicht übers Ohr hauen und daß die angeblichen Millionen auch tatsächlich vorhanden sind. Auf den Hunderter genau ... Zum ersten Mal wird mir bewußt, wie verrückt seine Forderungen sind. Das ist doch völlig absurd! Ich versuche zu scherzen: »Sie werden doch nicht so kleinlich sein, es auf ein paar Bündel Scheine mehr oder weniger ankommen zu lassen! Haben Sie sich einmal dieses ganze Geld angesehen? Damit kann man einiges anstellen. Ich habe noch nie so viel Geld auf einmal gesehen.« Doch er findet mich nicht komisch.

Wir versuchen ihn zur Vernunft zu bringen. Umsonst bemühen sich zuerst Évelyne und dann ich, ihm zu erklären, daß das Zählen dieser Tausende von Scheinen unmöglich ist, einfach organisatorisch nicht durchführbar. Aber seine Gedankengänge werden nicht mehr von der Vernunft beherrscht. »Es muß unbedingt nachgezählt werden«, sagt er, »das ist unerläßlich.« Es ist sinnlos, sich weiter zu weigern. Resigniert schleppen wir zwei große Jutesäcke zu einem der niedrigen Tische. Wir setzen uns auf zwei Kinderstühle und tauchen mit den Händen in einen der Säcke, um Geldscheine hervorzuholen, viele Geldscheine, Hunderte, Tausende ...

Die Scheine sind in Bündeln zusammengefaßt. Neben französischen Francs gibt es auch ausländische Währungen. Der Mann verlangt, daß wir zuerst die Zahl der Scheine in jedem Bündel überprüfen, dann die Anzahl der Bündel; das Ergebnis sollen wir auf einem Blatt Papier notieren. Anfangs geht alles gut, doch schon bald geraten wir ins Schleudern. Wir zählen falsch zusammen, verlieren uns in den Zahlen, rechnen irgendwie und ohne jedes System. Wir zählen endlos. Manchmal vergesse ich, bei welcher Zahl ich gerade bin, und mache willkürlich irgendwo weiter. Ich weiß, daß das keinen Sinn macht, es geht nur darum, daß der Mann sich nicht aufregt.

Anfangs gelingt es Évelyne und mir, diese absurde Situation recht gelassen hinzunehmen, doch dann packt uns ein verrücktes, nervöses Lachen, das wir nur mit Schwierigkeiten unterdrücken können. Ich werde ironisch: »Sie haben kein Glück, ausgerechnet an mich geraten zu sein. Kopfrechnen ist nicht gerade meine Stärke! Schon vor meinen eigenen Rechnungen graust es mir, und jetzt das hier ...« Doch darüber kann er überhaupt gar nicht lachen und nähert sich mit ernster Miene unserem Tisch. Er schickt mich an die Tür, um die Wechselkurse von Dollar, D-Mark und den anderen ausländischen Währungen zu erfragen. Als wir sie einige Minuten später gesagt bekommen, befiehlt er uns, auch das ausländische Geld zu zählen und im Kopf in Francs umzurechnen. Nicht immer kenne ich die jeweilige Währung, aber ich rechne, so gut es eben geht. Er überwacht unsere Arbeit, recht unzufrieden mit unserer wirren Vorgehensweise. Schließlich wird er ärgerlich und beschließt, sich selbst um alles zu kümmern, was die Wechselkurse betrifft. Dazu führt er eine neue Methode ein: Wir müssen ihm die Anzahl der Scheine in ausländischer Währung angeben, die wir gerade in der Hand haben, und er nennt uns nach einigen Augenblicken des Nachdenkens die Summe in französischen Francs. Diese notieren wir dann wiederum auf unserem Blatt. Er ist sehr gut im Kopfrechnen. Einige Scheine fallen herunter und rutschen unter den Tisch. Egal ...

In meiner Erinnerung dauert das Unterfangen lange, sehr lange. Unser Blatt füllt sich mit Zahlen, mit Rechnungen; es wird unleserlich, unverständlich. Dann sagen wir ihm, daß es spät sei und daß wir erschöpft seien, und nach einer Weile hören wir auf zu zählen, ohne daß er Widerspruch einlegt.

Später in der Nacht bricht der Mann die Verhandlungen mit Nicolas Sarkozy ab. Er traut dessen Angaben über die genaue Summe des übergebenen Geldes nicht und ist verärgert, weil man sich im Radio, das er regelmäßig hört, mehr für den Minister als für ihn interessiert.

»Setzen Sie sich neben mich, Laurence«

Es ist spät in der Nacht von Donnerstag auf Freitag. Évelyne und ich lösen uns alle zwei Stunden im Klassenzimmer dabei ab, auf die Mädchen aufzupassen, die mit zusammengeballten Fäusten eingeschlafen sind. Gerade hat meine Nachtwache angefangen, und ich sitze im Dunkeln, müde und angespannt. Da ruft er mich: »Setzen Sie sich neben mich, Laurence.« Liebenswürdig, aber bestimmt.

Ich steige vorsichtig über die Drähte hinweg, gehe in die andere Ecke des Zimmers und setzte mich neben ihn auf einen Kinderstuhl. Es ist spürbar, daß er reden will. »Was glauben Sie, wie wird diese Geschichte ausgehen?« Seine Frage läßt mich beinahe auffahren, aber ich ahne, daß er auf einmal viel mehr Angst hat als ich. Es ist, als ob er plötzlich selbst erschrocken wäre über die Situation, die er herbeigeführt hat. Ich versuche ihn zu beruhigen: »Alles wird gut werden, haben Sie keine Angst. Sie werden Ihr Geld bekommen und von hier fortgehen.« Er erzählt mir, daß er für den Morgen einen Wagen angefordert habe und daß er mich und einige der Kinder mit sich nehmen werde. Später werde er uns freilassen.

Dieses Mal kann ich die Tränen nicht mehr zurückhalten und weine still vor mich hin. Ich will nicht, daß er uns mitnimmt, ich will dieses Gebäude nicht verlassen. Wenn wir erst einmal im Auto sind, wird er seine Maske abnehmen und ich werde sein Gesicht kennen. Und wenn ich es kenne und somit zum Zeugen werde, dann muß er mich sicher aus dem Weg räumen. Als ob er meine Gedanken lesen könnte, fügt er hinzu: »Haben Sie keine Angst, ich werde Ihnen nichts tun.« Außerdem befürchte ich, daß er uns mitten in der Nacht am Straßenrand aussetzen wird, allein, verlassen und verloren. Und dann kommt mir auf einmal noch ein anderer Gedanke: Wenn er uns unsere Freiheit zurückgibt, wird er ganz alleine sein, und alle Polizisten Frankreichs werden ihn jagen. Er wird niemanden haben, der ihm hilft, und so wird er sich an mich wenden, weil ich freundlich zu ihm war. Er wird versuchen, mich zu finden, damit ich ihm beistehe, er wird mich mein ganzes Leben lang verfolgen, mich ohne Unterlaß anflehen, ich werde nie mehr Ruhe finden ...

Mit offenen Augen träume ich Alpträume, ohne auch nur einen Augenblick an der Ernsthaftigkeit seines Entschlusses zu zweifeln. Ich halte ihn weder für »krank« noch für verrückt. In der jetzigen Situation bin ich ihm viel zu nahe, um objektiv sein zu können: Ich habe Angst, wenn er Angst hat, und fühle mich besser, wenn er sich entspannt.

Er hat jetzt eine neue Idee: Ich soll eine Liste erstellen, auf der die Eltern eines jeden Kindes in meiner Klasse beschrieben werden. Eine Spalte für die Mütter, eine Spalte für die Väter, eine Reihe für jedes Kind. Wenn das Kind das Klassenzimmer schon verlassen hat, soll ich ein Kreuz machen. Er hätte gerne so viele Details wie möglich über jeden Elternteil. Blond, groß, braune Augen; oder auch: dunkel, klein, geschwätzig; den Vater nie gesehen ... Ohne eine Ahnung zu haben, wofür das gut sein soll, mache ich mich an die Arbeit. Alles erscheint mir möglich. Er hat mir mehr oder weniger zu verstehen gegeben, daß er den Ort vielleicht mit einem Elternteil verlassen wird, und trifft daher wohl Vorsichtsmaßnahmen, um nicht in eine Falle der Polizei zu laufen und sich mit einem als Familienvater verkleideten Polizisten wiederzufinden. Was könnte verständlicher sein?

Aber kaum habe ich die Liste beendet, verlangt er plötzlich Briefumschläge. Gemäß seinem Wunsch stecke ich mehrere Bündel Banknoten – ungefähr 30.000 Francs – in jeden Umschlag und lege sie auf einen Tisch.

»Für die Kinder und ihre Eltern. So können sie sich einen schönen Urlaub leisten und diese Geiselnahme aus ihrem Gedächtnis verbannen«, verkündet er mir.

»Aber so etwas vergißt man doch nicht einfach so. Man kann nicht alles mit Geld kaufen.«

»Doch, machen Sie sich nichts vor, man kann alles kaufen. Die Welt ist durch und durch verdorben, die Gesellschaft ist korrupt, die Ungerechtigkeit allgegenwärtig. Wir leben in einem System, das dem Gesetz der Macht gehorcht, und Macht, das ist vor allem Geld. Man muß nur Geld haben, um zu bekommen, was man will. Und man muß viel Geld haben, um wirklich alles zu bekommen, was man sich nur vorstellen kann, egal was, alles. Übrigens ist einer der Umschläge für Sie und Ihre Familie. Sie werden sich eine schöne Zeit machen können.«

»Nein, ich will Ihr Geld nicht. Ich bin nicht käuflich. Ich werde meine Ferien selbst bezahlen!«

»Im Augenblick wollen Sie es nicht, aber Sie werden schon sehen, in einigen Tagen wird Sie diese Geschichte zu einer Berühmtheit gemacht haben. Die Presse wird Ihnen zu Füßen liegen, Ihr Foto wird auf den Titelseiten aller großen Zeitungen zu sehen sein.«

»Sie reden Unsinn. Das wird nicht passieren. Sie sind die Berühmtheit, nicht ich.«

»Glauben Sie mir, ich weiß, wovon ich rede. Die Presse wird Sie zu einer Heldin machen, und ich wette darauf, daß Ihr Mann dank meiner Geiselnahme befördert werden wird!«

Ich bin höchst verblüfft über seine Äußerungen; ich weiß noch nicht, daß sie zum Teil der Wirklichkeit sehr nahekommen werden.

»Sobald Évelyne zurückkommt, werden Sie diesen Umschlag Ihrem Mann bringen.«

»Nein.«

»Doch.«

Bei meiner nächsten Wache fragt er mich, ob ich den Umschlag auch wirklich meinem Mann gegeben habe. Dieses eine Mal behält er eine seiner Ideen ein bißchen länger im Kopf. Ich verneine. Er besteht erneut darauf, und um die Diskussion zu beenden, nehme ich »meinen« Umschlag, räume ihn in die Schublade eines Kindes und erkläre ihm, daß ich mich später darum kümmern werde.

II

Freitag, 14. Mai 1993

DRINNEN

Ein gutes Frühstück

Freitag morgen. Sechs kleine Mädchen wachen in ihrem Klassenzimmer auf. Sie sind seit fast 24 Stunden darin eingesperrt: Céleste, Joséphine, Zoé, Aurélie, Jeanne und Clémence. Sie haben gut geschlafen. Der Donnerstag ist sehr, sehr lang gewesen, und der Tag, der gerade beginnt, könnte ebensolang werden. Sie fragen sofort, ob sie rausdürfen, rufen nach ihren Eltern, und ich muß ihnen erklären, daß sie sie unmöglich sehen können. »Der *Monsieur* will uns immer noch nicht gehen lassen.« Sie scheinen dies als unumstößliche Tatsache zu akzeptieren.

Clémence bekommt jeden Morgen ein Fläschchen. Seitdem sie ein Baby war, fangen so alle ihre Tage an. Heute darf das nicht anders sein. Ihre Mutter hat sich darum gekümmert, bevor Clémence auch nur danach fragen kann. Ein Mann der RAID bringt es uns und ich sehe, wie angesichts dieses vertrauten Gegenstandes ein Lächeln das Gesicht des Mädchens erhellt. Gierig trinkt sie die warme Milch. Dann wird uns das Frühstück serviert. Es ist fast wie ein Sonntagmorgen im Kreise der Familie. Ein Bäkker aus der Nachbarschaft hat freundlicherweise Dutzende von Croissants und Schokoladenbrötchen geliefert, frisch aus dem Ofen. Aber es sind zu viele, und wir wissen nicht genau, was wir mit diesen Mengen an Gebäck anfangen sollen. Die Kinder nehmen sich ein Stück, knabbern dann die Ecke von einem anderem an und brechen ein Stückchen Schokolade von einem dritten ab. Im Handumdrehen ist der Boden mit fettigen Krümeln bedeckt, und die Mädchen, die sich seit 24 Stunden nicht gewaschen haben, lecken sich die Finger und reiben sie an ihren Kleidern ab. All das ist nicht wichtig. Sie haben gut gegessen, das ist die Hauptsache.

Ich schaue mir diese sechs Kinder an, die seit dem Anfang des Jahres meiner Obhut unterstehen, und erkenne sie nicht mehr wieder. Zuerst einmal sind sie sehr dreckig. Jede Mahlzeit hat ihre Spuren auf ihren Gesichtern hinterlassen; ich habe sie nicht kämmen können, und ihre Haare sind völlig durcheinander. Alles in allem riechen sie auch nicht mehr so gut wie gewöhnlich ... Sie ähneln ein wenig kleinen Wilden. Im Speisesaal essen sie brav mit ihrem Löffel, jetzt greifen sie auf einmal mit ihren Hände in den Teller, zerreißen Bücher, werfen Gegenstände in die Luft, kreischen herum oder prügeln sich.

Sie lassen sich nichts mehr von mir sagen. Für sie bin ich nicht mehr die Erzieherin, sondern ihre Gefährtin in der Not. Manchmal beruhigen sie sich etwas und finden sich seltsamerweise in Paaren zusammen, machen alles zu zweit. Sie reden eine Menge miteinander, in einer Kindersprache, von der wir Erwachsenen die meiste Zeit ausgeschlossen sind. Um durchhalten zu können, erzählen sie sich Geschichten und tauschen Geheimnisse aus.

Die kleine Céleste tut sich mit Zoé zusammen, dem Mädchen mit den grünen Augen, das im Laufe weniger Stunden völlig überschwenglich geworden ist, geradezu extrovertiert, manchmal gereizt. Zoé springt stundenlang herum, tanzt, rollt sich auf der Erde herum. Die Ereignisse regen sie im gleichen Maße auf, in dem sie Céleste ruhig und friedlich werden lassen. Aurélie und Joséphine sind unzertrennlich. Die erste ist vorbildhaft artig; sicher ist sie beunruhigt, aber sie scheint mit der Situation klarzukommen. Die zweite erträgt das Eingesperrtsein immer schlechter und wartet voller Ungeduld auf den Moment, in dem sie ihre Eltern wiedersieht. Gelegentlich wirkt sie eine ganze Weile völlig niedergeschlagen, als ob sie sich der Ungerechtigkeit bewußt wäre, deren Opfer sie ist. Wie Zoé ist auch Jeanne völlig außer Rand und Band. Das blonde Mädchen mit den braunen Augen, das immer gut gelaunt ist, wird zum kleinen Plappermaul; sie redet unablässig und sehr laut auf ihre Freundin Clémence ein, die viel ruhiger ist und die die Erzählungen ihrer neuen Freundin amüsant zu finden scheint. Ich merke, wie unterschiedlich alle sechs Mädchen sind, und wie jede auf ihre Weise, aufmüpfig oder schicksalsergeben, mit dem Eingesperrtsein umgeht. Sie sind erstaunlich mutig und widerstandsfähig.

Évelyne untersucht sie regelmäßig, und die Mädchen nehmen ihr Stethoskop, um damit Arzt zu spielen. Sie lauschen meinen Herzschlägen, horchen meine Ohren ab und untersuchen dann auf die gleiche Art und Weise Tische, Stühle und Wände. Sie werden wieder lebhafter, und ihr Gebrüll hallt im Raum wieder.

Frühmorgens, als die Mädchen aufwachen, wirkt der Mann sehr erschöpft. Im Radio – das er regelmäßig in Erwartung von Berichten über sich selbst hört – wird folgende Aussage gemacht: »Der Geiselnehmer ist immer noch Herr der Lage.« Dieser Satz reißt ihn sichtlich aus seiner Erstarrung. Während der Nacht hatte er sich zutiefst deprimiert ganz alleine in seine Ecke gekauert. Jetzt richtet er sich wieder auf und gewinnt die Selbstsicherheit zurück, mit der er am Vortag in dieses Zimmer getreten war. Er nimmt die Verhandlungen mit den Polizisten und Politikern wieder auf, wird aber sehr schnell wütend, wendet sich ab und weigert sich, weiterhin mit ihnen zu reden. Rückblickend erinnere ich mich heute nur ganz schlecht an den Ablauf der Verhandlungen und ihren Inhalt – ich habe mich vor allem um die Mädchen gekümmert. Aber ich weiß noch, daß an diesem Freitag vormittag, während der Lärm der Kinder im Klassenzimmer widerhallt, der Dialog mit der RAID ganz abbricht.

Plötzlich erregt Évelynes Stethoskop, mit dem die Kleinen spielen, seine Aufmerksamkeit. Er ist sich sicher, daß das Instrument gefährlich ist, fürchtet, daß ein Mikrophon oder eine kleine Kamera darin verborgen sein könnte. Dann wird er wütend auf Évelyne, die diese potentielle Gefahr hier hereingebracht hat, und befiehlt uns, das Stethoskop sofort verschwinden zu lassen. Évelyne bringt es hinaus auf den Flur. Die Mädchen sind enttäuscht darüber, daß man ihnen ihr neues Spielzeug weggenommen hat, und machen ihrem Ärger darüber mit noch mehr Lärm Luft. Zoé dreht sich zu dem Mann um und hüpft auf ihn zu; dabei singt sie zu der Melodie eines Kinderliedes: »Ich will meine Mutter sehen! Ich will meine Mutter sehen! Ich will meine Mutter sehen!« Er sagt nichts, rührt sich nicht. Jetzt wendet sich Jeanne an ihn und stellt ihm eine Frage: »*Monsieur*, wann können denn wir hier raus?« Er antwortet ihr nicht. Die Mädchen grummeln in ihrer Ecke vor sich hin. Die Anspannung im Raum wird immer spürbarer. Wir haben alle Angst.

Bitterer Kaffee

Der Mann wird leicht reizbar, er ist erschöpft. Seit 24 Stunden hat er kein Auge zugemacht und sich im Gegensatz zu Évelyne und mir keinen einzigen Augenblick ausgeruht. Die ganze Zeit über hat er die Hand an dem Zünder und verharrt immer auf dem gleichen Fleck. Seine Ausdauer erschreckt mich. Wenn sein Gesichtsausdruck sich verzerrt, erwarte ich voller Schrecken jeden Augenblick das Chaos und die Explosion. Manchmal habe ich das Gefühl, mich mit angehaltenem Atem zu bewegen. Dann hole ich tief Luft, ganz bewußt, als ob es das letzte Mal wäre, daß ich Luft in meinen Lungen spüre. Ich lasse die Zunge über meine Lippen gleiten, fahre mit der Hand durch die Haare. Das gibt mir das Gefühl, noch ein wenig am Leben zu sein, obwohl ich weiß, daß das alles in wenigen Augenblicken vorüber sein kann. Dabei fühle ich noch nicht einmal Furcht. Ich stelle lediglich fest, daß mein Geist und mein Körper die Vorstellung vom Tod verinnerlicht haben. Ich nehme die Gegenwart des Todes wahr, wie man den Duft einer Blume einatmet, tief und bewußt.

Dann beginnt der Mann auf einmal zu halluzinieren. Er hört Geräusche über unseren Köpfen. Wir alle heben die Augen zur Decke und sind mit einem Mal völlig verängstigt. »Das sind bestimmt Schritte«, verkündet er. Dann sieht er die an den Fenstern angebrachten Zeichnungen sich bewegen; er glaubt, man beobachte ihn aus allen Ecken des Zimmers. Im Radio hat er gehört, daß Scharfschützen auf den Dächern postiert sind, und jetzt hat er Angst. »Wir müssen uns besser verbarrikadieren«, erklärt er. Évelyne soll weitere Kinderbilder an die Fenster kleben und gut überprüfen, daß nirgendwo auch nur die kleinste Ritze übrigbleibt, durch die etwas Tageslicht eindringen könnte. Er fühlt sich umzingelt. Er glaubt sich verloren. Sein Elend bereitet uns mehr und mehr Sorgen.

Wir suchen nach einem Ausweg aus dieser Spirale der Angst und bemühen uns, ihn auf die eine oder andere Art und Weise zu beruhigen. Ich biete ihm einen Kaffee an. Seitdem er diesen Raum betreten hat, hat er nichts zu sich genommen, was er nicht selbst aus seiner Tasche hervorgeholt hat. Er hat ein Stück Schinken gegessen, mit den Fingern, etwas Brot, Käse. Ich glaube, er hatte auch seine eigene Flasche Wasser, einige Plätzchen zum Knabbern. Sonst nichts. Zum ersten Mal nimmt er das Angebot eines Kaffees an, aber nur unter einer Bedingung: Wir sollen ihn vorher probieren, um sicherzustellen, daß die Polizei weder ein Schlafmittel noch Gift hineingetan hat.

»Ich habe wirklich kein Glück«, sage ich zu ihm und lächle gequält, »ich hasse Kaffee!«

»Ich auch«, schließt Évelyne sich an. »Ich trinke nie Kaffee, ich mag seinen bitteren Geschmack nicht.«

»Wenn Sie den Kaffee nicht probieren, kann ich ihn nicht trinken«, erwidert er. »Das ist zu gefährlich für mich.«

»Einverstanden, wir werden ihn probieren, Ihren Kaffee.«

Nachdem ich mit einem angewiderten Gesichtsausdruck einen Schluck der heißen und bitteren Flüssigkeit heruntergebracht habe, halte ich ihm die Tasse hin. Er wartet eine Viertelstunde, um meine Reaktion abzuwarten, und entschließt sich dann zu trinken.

Gegen 10.00 Uhr verläßt Évelyne den Raum, um sich etwas auszuruhen, und anschließend läßt er nicht mehr zu, daß sie wieder zurückkommt. Er verbietet ihr ausdrücklich, hereinzukommen, als sie an die Tür klopft. Heute habe ich vergessen, warum er ihr damals auf einmal wieder mißtraute. Erneut verdächtigt er sie, keine richtige Ärztin, sondern ein Mitglied der RAID zu sein. Ihr Stethoskop hat sein Mißtrauen erweckt, und nun hat er dieses Mißtrauen auf ihre Person übertragen. Évelyne darf das Klassenzimmer nicht mehr betreten, ich darf es jetzt nicht mehr verlassen.

Seine Anspannung steigt, während die Mädchen immer überdrehter werden. Im Laufe dieser endlosen Stunden des Wartens haben sie oft und lange gemalt, jetzt zerbrechen sie die Stifte, treten darauf herum, verzieren alles mit breiten Strichen, die Mauern, die Möbel, ihre Kleider und die

Arme ihrer Freundinnen. Sie brüllen vor Lachen, sind völlig außer Rand und Band, wissen nicht mehr, wie sie sich beschäftigen sollen, und wollen unbedingt raus. Ich suche nach einem Ausweg und finde keinen. Die Überdrehtheit der Kinder strengt den Mann an, und er will unbedingt, daß sie wieder einschlafen. Er verlangt, daß ich Beruhigungsmittel besorgen solle. Mir gelingt es, ihn zu überzeugen, daß das eine schlechte Idee sei. Dann schlägt er vor, man solle einen Videorecorder bringen, damit die Kinder sich Zeichentrickfilme anschauen könnten. Ich atme auf: Was für ein guter Einfall.

Gegen 13.00 Uhr bringt der Chef der RAID einen Videorecorder und Kassetten. Die Mädchen scharen sich um den Fernsehapparat und beruhigen sich schnell; sie sind begeistert von ihrer neuen Beschäftigung. Währenddessen befiehlt mir der Mann, Fotokopien seines »Evakuierungs-Plans« zu machen. Ich betrachte flüchtig das Blatt Papier, das er mir reicht. Darauf befindet sich ein Plan mit verschiedenen Markierungen, präzise, detailliert, unverständlich. Ich versuche erst gar nicht zu verstehen, worum es sich genau handelt, und verlasse den Raum nur ungern. Doch ich habe keine andere Wahl, die Fotokopien sind derart wichtig für ihn, daß ich gezwungen bin, seinen Befehlen nachzukommen.

Der Kopierer befindet sich im Lehrerzimmer, nicht weit von meiner Klasse. Als ich dort ankomme, befinden sich mehrere Personen in dem Raum: Nicolas Sarkozy, der Präfekt, Männer der RAID und einige andere, die ich nicht kenne. Ich mache meine Fotokopien, und der Minister fragt mich dabei mit liebenswürdiger Stimme, ob ich noch durchhalten könne. Mir gelingt es nicht mehr, mich zurückzuhalten, und ich schreie ihm meine Wut und meine Ängste entgegen: »Warum geben Sie ihm nicht endlich das Geld, das er haben will, damit er verschwindet?« Der

Minister und die anderen versuchen mich zu beruhigen und zur Vernunft zu bringen. Sie erklären mir, daß das nicht so einfach sei. Sie sprechen von Strategien, Taktik, Politik, Abschreckung, doch ihre Worte dringen nicht bis zu mir durch, ihre Erklärungen beruhigen mich nicht. Sie sagen mir, ich solle ihnen vertrauen, doch ich denke nur daran, wie ich mein Leben retten kann, und das der Mädchen. In genau diesem Moment wird mir klar, daß wir uns gar nicht verstehen *können:* Ich bin mitten in der Geschichte, und sie stehen *daneben.* Das ist der große Unterschied.

Ratlos entscheide ich mich, bei den Eltern vorbeizugehen, um ihnen etwas Neues von ihren Kindern zu berichten. Sie haben sich zu einer sehr engen Gruppe zusammengeschlossen und versuchen sich irgendwie zu beschäftigen, um gegen die Verzweiflung anzukämpfen. Morgens haben die Väter zum Beispiel auf dem Gelände der Grundschule zusammen Fußball gespielt. Auch mein Mann hat mitgespielt. Unbemerkt komme ich heran, als sie sich die 13-Uhr-Nachrichten anschauen. Ich schenke dem Fernseher nicht besonders viel Aufmerksamkeit; bis ich auf einmal mitbekomme, daß die Rede von mir ist: »Porträt einer Kindergärtnerin.« Ich entdecke, daß meine eigentlich vertraulich zu behandelnde Akte aus der IUFM[24] – die ich selbst bisher noch nie zu Gesicht bekommen habe – an die Journalisten weitergereicht worden ist. Auszüge daraus werden ebenso gezeigt wie mein Photo. Ich bin schrecklich wütend darüber, daß behördliche Unterlagen, zu denen normalerweise niemand Zugang hat, derart bekanntgemacht werden. Ich fange an zu schimpfen. Die Reportage wird begleitet von einem Interview mit dem Direktor des IUFM, dem ich niemals begegnet bin, und der jetzt nichtsdestotrotz erzählt, wer ich bin. Danach sprechen die Eltern von Kindern anderer Klassen (die ich daher noch nicht einmal kenne) von mir, meiner Persönlichkeit, meinen »Talenten«. Ich traue meinen Augen und Ohren nicht!

Ich erzähle den Eltern der Mädchen, was es Neues gibt und kehre entmutigt zu dem Klassenzimmer zurück. Ich sehe Évelyne, die sehr müde zu sein scheint und noch immer den Geiselnehmer davon zu überzeugen versucht, sie hereinzulassen. Vergeblich. Jetzt ist es an mir anzuklopfen. Ich sage: »Ich bin es, Laurence«, und schicke mich an, die Tür zu öffnen, als er von drinnen brüllt, ich solle bleiben, wo ich bin. »Ich will Sie nicht mehr sehen, weder die eine, noch die andere.« Évelyne und ich stehen im Flur, vor uns die verschlossene Tür. Ich denke an die sechs kleinen Mädchen und frage mich, wann dieser Wahnsinn endlich vorüber sein wird.

DRAUSSEN

»Die Kindergärtnerin ist eine außergewöhnliche Person«

7.00 Uhr: Die Nacht ist lang und kalt gewesen. Jede Stunde sind die Radioreporter live auf Sendung und müssen, wie sie es unter sich nennen, »den Sender füttern«. Es ist schwierig, irgend etwas Neues zu finden. Im Lauf des Tages treten von Zeit zu Zeit der Präfekt oder eine andere »Persönlichkeit« vor das Schultor und geben einige, sehr kurzgefaßte Informationen weiter: Die Verhandlungen dauern an, der Mann ist ruhig und entschlossen, die Sicherheit der kleinen Geiseln steht an erster Stelle ...

8.00 Uhr: Vor Ort lesen die Journalisten die Tageszeitungen und hören Radio; einigen gelingt es sogar, einen Blick in die Fernsehnachrichten zu werfen. Ihr Beruf zwingt sie dazu. Jeden Tag müssen sie ihre eigene Arbeit mit der ihrer Kollegen und Konkurrenten vergleichen. Im Gegensatz zum »normalen« Leser, Zuhörer oder Zuschauer, lesen, hören und betrachten die Journalisten wirklich alles, die ganze journalistische Berichterstattung zu einem Thema, was manchmal – bei den Ereignissen, über die es nur sehr wenige Informationen gibt und die trotzdem allgegenwärtig sind – eine verzerrte Sicht der Wirklichkeit zur Folge hat. *France Info* zum Beispiel, das von zahlreichen Reportern gehört wird, berichtet immer wieder über die Geiselnahme und die Rolle der Kindergärtnerin. Allein durch die ständige Wiederholung in diesem Sender wirkt die Sache unglaublich bedeutend. Auf diese Art und Weise wird die Geschichte von der mutigen Kindergärtnerin in allen Köpfen zur Tatsache, und so bekommt man Sätze wie diese zu hören:

»... seit 48 Stunden sprechen einige – anfangs anonym, dann *ganz offen* – von der mutigen Kindergärtnerin.«[25]

»... und an diesem Morgen betont *alle Welt* den Mut der Kindergärtnerin.«[26]

Auf wen bezieht sich denn dieses »ganz offen« und »alle Welt«, das von den zwei Journalisten erwähnt wird, wenn nicht auf ihre Kollegen ...

9.00 Uhr: In jeder Redaktion wird die Liste derjenigen Themen aufgestellt, über die in den nächsten Nachrichten berichtet werden soll. An diesem Morgen ist die Geiselnahme ohne Zweifel – die Lektüre der Tagespresse beweist es[27] – das wichtigste Ereignis. Und so »muß« dieses Ereignis in angemessener Ausführlichkeit behandelt werden. In den audiovisuellen Medien nimmt die Geiselnahme den wesentlichen Teil der Nachrichtensendungen ein. Die Journalisten und die Chefredakteure sind sich einig: »Man muß« ein Porträt der Kindergärtnerin bringen. Das ist einfach ein ungeschriebenes Gesetz ihres Berufs.

10.00 Uhr: Das Schwierigste für den Reporter, der eine Story auf die Beine stellen muß, ist es, seinen Bericht »anschaulich« zu machen, Zeugen zu finden, Bilder, und wenn möglich ein Photo der betreffenden Person. Die Presse hat Glück gehabt, denn der Direktor der IUFM war sehr verständnisvoll. Er steht nicht nur selbst für jede Art von Interview zur Verfügung, sondern er hat außerdem seine Erlaubnis erteilt, Bilder von der »strikt vertraulichen« Akte und dem Photo seiner ehemaligen Schülerin zu machen.

Die Reporter, die darüber hinaus auf der Straße nach dem Zufallsprinzip einige Eltern zur Kindergärtnerin befragt haben, müssen die verschiedenen Teile des Puzzles jetzt nur noch zu einem Bild zusammenfügen.

Die Vorstellung von der »mutigen Kindergärtnerin« fängt an, in den Fragen der Interviewer mitzuschwingen, Fragen, die den Gesprächspartner genau diejenigen Antworten entlocken, die der Interviewer hören will – die »guten« Antworten.

13.00 Uhr: Eine Journalistin interviewt eine Mutter, die Laurence Dreyfus nur vom Sehen her kennt.

Die Journalistin: »Was ist sie für eine Frau? Jeder beschreibt sie natürlich als mutig und als sehr liebenswürdig.«

Die Mutter: »Ja, sie ist wirklich sehr liebenswürdig. Sie liebt die Kinder über alles. Sie ist für sie da, und das ist es, was wichtig für die Kinder ist.«[28]

Eine andere Journalistin: »Glauben Sie, daß sie den Mut hat zu bleiben?«

Eine andere Mutter: »Ich glaube, daß sie wirklich sehr viel Mut hat.«[22]

Gerüchte breiten sich aus. Ein Reporter fragt eine der Mütter, die auf der Straße herumstehen, ob es stimme, daß die Kindergärtnerin schwanger sei. Vielleicht hat der Journalist das irgendwo aufgeschnappt und versucht jetzt herauszufinden, ob die Information der Wahrheit entspricht oder nicht – und fragt dazu eine Frau, die die Kindergärtnerin noch nicht einmal persönlich kennt. Sofort erklärt ihm die Mutter, daß die Information falsch sei.

Trotzdem wird das Interview so ausgestrahlt:

Der Journalist: »Es wird erzählt, sie sei schwanger?«

Die Mutter: »Nein, sie hat ein Baby, das jetzt zwanzig Monate alt ist, also ist sie nicht mehr schwanger.«[29]

20.00 Uhr: »Diese junge Kindergärtnerin spielt eine entscheidende Rolle, sie hat sich entschieden zu bleiben [...]. Ihre Freunde erzählen, daß sie sich aus Liebe zu Kindern entschieden hat, Kindergärtnerin zu werden [...]. Sie ist dreißig Jahre alt [...]. Jeder, der sie kennt, vertraut ihr völlig. [...]. Keiner bezweifelt, daß Laurence Dreyfus seit vierunddreißig Stunden eine richtige zweite Mutter für die sechs kleinen Geiseln ist.«[30]

»Eine begnadete Psychologin.«[28]

»Unterrichten ist ihr Lebensinhalt [...], ein Leben, reich an Erfahrung und an Talenten [...], eine außergewöhnliche Kindergärtnerin.«[28]

DRINNEN

Das Großreinemachen

Die sechs Mädchen müssen wirklich sehr hungrig sein. Normalerweise essen sie um 12.00 Uhr herum. Jetzt ist es fast 15.00 Uhr, und sie haben immer noch nicht gegessen. Die Teller mit dem Mittagessen stehen schon seit langem fertig vor der Tür, aber der Mann will uns immer noch keinen Zugang zu dem Klassenzimmer gewähren. Zwischenzeitlich hat es der Staatsanwalt Pierre Lyon-Caen geschafft, in das Zimmer gelassen zu werden. Er hat lange mit dem Geiselnehmer gesprochen und ist dann wieder herausgekommen. Ganz offensichtlich ist es ihm gelungen, den Mann zu beruhigen, der etwas von seiner Panik abgelegt zu haben scheint. Nachdem wir an die Tür geklopft und mit ihm geredet haben, schaffen Évelyne und ich es endlich, ihn davon zu überzeugen, uns wieder hereinzulassen. Wir setzen ihn in gewisser Weise unter Druck, und er läßt es geschehen, ratlos und sehr entkräftet. Er weiß, daß die Kinder schrecklichen Hunger haben, und willigt auch daher ein, daß wir wieder zurückkommen. Wir schließen die Tür hinter uns und gehen zu den Kleinen hinüber. Sie sind still geworden in der Zeit, in der wir weg waren.

Das Mittagessen ist köstlich. Ein Delikatessenladen aus der Nachbarschaft hat kostenlos vorzügliche Brathähnchen geliefert, dazu Pommes Frites, Schokoladencreme und Kirschen. Zum ersten Mal seit dem Beginn dieser Geschichte sitzen wir beim Essen auf Stühlen und haben uns um einen Tisch versammelt. Bis jetzt mußten wir in unserer Zimmerecke essen, mit dem Teller auf den Knien. Mit der Zeit erobern wir das von ihm besetzte Territorium Stück für Stück zurück. Richtige Gläser, ein Krug Wasser, ein gedeckter Tisch, und die Mahlzeit kann beginnen. Die Mädchen stürzen sich auf das Essen, schlingen das Fleisch herunter und werfen vor lauter Freude die Pommes Frites in die Luft. Einen Moment lang herrscht eine fast ausgelassene Stimmung. Nach einer langen Zeit der Anspannung spürt man, wie die Atmosphäre sich entspannt, und wie sich alle über das gemeinsame Mahl freuen. Die Kinder klettern auf unseren Schoß. Sogar der Mann wirkt entspannter. Er scheint erleichtert zu sein, uns lachen zu sehen, und nimmt eine Portion von unserer Schokoladencreme an, ohne sich groß bitten zu lassen. Die Kinder fragen nach ihren Eltern, und ich erzähle von ihnen. Ich sage zuerst, daß es den Eltern gutgehe, dann berichte ich Einzelheiten:

»Deine Mama möchte, daß du artig bist, Clémence.«

»Zoé, deine Eltern möchten, daß du dich ganz brav schlafen legst.«

»Joséphine, deine Mama und dein Papa denken ganz fest an dich.«

»Deine Eltern bitten dich, noch ein wenig Geduld zu haben, Jeanne.«

»Du solltest ein schönes Bild für deine Mutter malen, Céleste.«

»Deine Eltern lassen dich ganz lieb umarmen, Aurélie ...«

Die Mädchen sind überglücklich über diese Neuigkeiten und lachen voller Vergnügen.

Kirschen schmecken wirklich lecker, aber wenn man drei Jahre alt ist, sind sie nicht einfach zu essen. Die Kinder knabbern an den roten Früchten herum, spucken die

Kerne auf den Boden, verteilen gleichmäßig den Saft auf ihrer Kleidung, wischen sich die Hände am Tisch und an den Kleidern ab. Am Ende sieht alles nicht mehr so ganz appetitlich aus. Vor allem, wenn man dazu die ganzen Dinge betrachtet, die sich im Laufe der 24 Stunden im Klassenzimmer angehäuft haben: Zahlreiche Zettel häufen sich auf dem Boden, dazwischen liegen umgekippte Joghurtbecher und Wasserflaschen, Essensreste sind überall verstreut, der Eimer, der den Kleinen als Toilette dient, ist fast voll und verströmt einen ziemlich durchdringenden Gestank; das Zimmer ist immer noch nicht gelüftet worden, und die Luft ist stickig.

Und so fällt direkt nach dem Mittagessen eine Entscheidung: Die Stunde des Großreinemachens ist gekommen. Wir legen die Mädchen zu einem Mittagsschlaf in ihre Ecke, und sie schlafen schnell ein, der Vormittag hat sie erschöpft. Dann machen Évelyne und ich uns an die Arbeit. Im Flur geben die Männer der RAID unsere Anweisungen weiter: Putzmittel für den Boden, Schwämme, einen Eimer Wasser, einen Besen, Handschuhe und Müllsäcke. Nach kurzer Zeit legen sie all das, was man zu einem perfekten Hausputz braucht, vor die Tür. Wir werfen alles weg, was dreckig ist, und auch alles Überflüssige. Schon von Anfang an wußten wir nicht, was wir mit den ganzen Sachen anfangen sollen, die man uns schickt. Viele Menschen aus der Nachbarschaft haben Nahrungsmittel vorbeigebracht, Süßigkeiten, Stofftiere, Getränke, die die Männer der RAID an uns weiterreichen, ohne daß der Mann protestiert. Wir wissen nicht mehr, wohin mit all den Wasserflaschen; in der Hitze verderben kiloweise Obst und Joghurt, und die Mädchen machen sich einen Spaß daraus, darauf herumzutrampeln.

Alles, was unnütz und verdorben ist, werfen wir in große Müllsäcke; wir leeren den Eimer der Kinder, putzen die Tische, die Stühle und den Boden. Wir sind jetzt sehr geschickt darin, die mit dem Dynamit verbundenen Drähte zu umgehen, und kehren mit dem Besen darum herum. Ich habe mich noch nie mit einer solchen Hingabe dem Saubermachen gewidmet. Es ist ein angenehmes Gefühl. Wir lachen über die Situation. Beim Putzen können wir uns abreagieren, fühlen uns befreit. In jeden Besenstoß lege ich meine Angst und meine Aggressionen. Ich jage den Staub, als ob mir das die Möglichkeit geben würde, von dieser Geschichte loszukommen. Als die Mädchen wieder aufwachen, wechseln wir ihre Bettücher, stellen die Bücher zurück an ihren Platz und eine kurze Zeit lang sieht der Raum wieder aus wie ein normales Klassenzimmer.

Er schweigt die ganze Zeit. Schaut uns zu. Wir haben die Initiative ergriffen, ohne ihn um seine Meinung zu fragen, aber daß er nicht reagiert, ist eine Art der Zustimmung. Seine Ecke des Zimmers lassen wir unberührt. Auf seiner Seite sind zu viele Drähte gespannt und wir wollen ihm nicht zu nahe kommen. Und außerdem ist das sein Problem, und das alles hier ist seine Schuld. Jetzt ist das Zimmer fast sauber. Doch der unerträgliche Gestank hängt weiterhin in der Luft, und der Mann erlaubt uns immer noch nicht, ein Fenster aufzumachen.

Der nahe Aufbruch

Freitag nachmittag geht es dem Mann besser, und das bekommen auch wir zu spüren. Die Anspannung im Raum läßt nach. Die Mädchen haben sich immer paarweise zusammengetan und tuscheln miteinander. Ab und zu lese ich ihnen eine Geschichte vor, sie malen oder ziehen sich mit einem Stofftier auf ihre Matratzen zurück. Sie sind viel ruhiger als am Vormittag und scheinen sich an das lange

Warten gewöhnt zu haben, scheinen das Zeitgefühl verloren zu haben.

Der Mann hat die Verhandlungen wiederaufgenommen. Dieses Mal mit dem Staatsanwalt. Pierre Lyon-Caen verbringt einen guten Teil des Nachmittags und des Abends im Klassenzimmer. Er sitzt auf einem Kinderstuhl an dem kleinen Tisch in der Ecke des Entführers, und dieser setzt sich sehr bald neben ihn. Zum ersten Mal ist einer der Verhandlungsführer ihm so nahe. Beide sprechen sehr viel und sehr lange. Diesmal geht es nicht um den Austausch von Kindern gegen Geld oder einem Auto gegen ein Mittagessen. Der Staatsanwalt spricht von Kapitulation, Prinzipien und Gesetzestreue.

Überrascht verfolge ich aus einiger Entfernung ihr Gespräch. Dieser Mann in seinem dreiteiligen Anzug ist ein Vertreter des Gesetzes und spricht an einem Ort von Recht, an dem es mit den Füßen getreten wird. Ihm zuzuhören gibt mir neue Zuversicht. Er rückt die Dinge ganz einfach wieder an ihren rechten Platz, und ich habe das Gefühl, wieder aufzutauchen, nachdem ich mich schon lange ertrunken glaubte. Er ist höflich, aber bestimmt. Trotz der Unordnung, des Drecks und des Gestanks hält er an seiner Rolle als Staatsanwalt fest.

Der Geiselnehmer hört ihm aufmerksam zu, und mir kommt es so vor, als ob die Anwesenheit des Staatsanwaltes ihn beruhige. Zuerst läßt er ihn auf sich einreden, dann vertraut er sich ihm an. Er gesteht, daß er furchtbare Angst habe, weil er wisse, daß Scharfschützen auf den umliegenden Dächern postiert seien, daß die Männer der RAID den Raum umstellt hätten und daß ihre Waffen die ganze Zeit über auf ihn gerichtet seien. Er sagt, daß er erledigt sei und daß sie ihn töten würden.

Pierre Lyon-Caen leugnet das massive Polizeiaufgebot im Umkreis des Klassenzimmers nicht ab und erklärt ihm, daß er eben darum dieser Geiselnahme ein Ende bereiten und eine Lösung finden müsse. Der Geiselnehmer ist verwirrt, er scheint zu zögern. Um ihm Zeit zum Nachdenken zu geben, läßt ihn der Staatsanwalt für etwa drei Stunden allein.

Gleichzeitig wird das ganze Schulgebäude an diesem Spätnachmittag von einer neuen Aufregung erfaßt. Man spricht von einem sofortigen Aufbruch, von einem nahen Ende. Rückblickend erinnere ich mich heute nicht mehr sehr gut an die genauen Umstände. In meinem Gedächtnis ist alles etwas unklar, so wie die Situation selbst unklar war. Bisweilen spricht man davon, daß der Mann den Raum in Begleitung des Staatsanwalts verlassen werde, oder auch von dem Aufbruch in einem Wagen, in dem ihn ein Kind und ein Erwachsener begleiten werden. Vielleicht. Alles ist noch ganz unklar, aber wir klammern uns an die sichere Tatsache des Aufbruchs. Es beunruhigt mich nicht länger, mit ihm fortfahren zu müssen. Wenn das sein muß, um dieser Geschichte ein Ende zu bereiten, dann werde ich mit ihm gehen. Ich werde gerne alles tun, was er sagt, wenn wir nur endlich dieses Zimmer verlassen können. Ich ertrage das Eingesperrtsein nicht länger, diesen unerträglichen, erstickenden Gestank, der mich seit mehr als 36 Stunden umgibt. Ich möchte mit den Mädchen an die frische Luft, damit sie tief einatmen können. Ich weiß heute nicht mehr, ob der Chef der RAID in diesem Moment wirklich glaubte, daß wir mit dem Mann gehen würden, aber ich bin mir im nachhinein sicher, daß er wie alle anderen in der Schule dachte, daß die Dinge sich ihrem Ende zuneigten.

Derselbe Geiselnehmer, der alles bis ins kleinste Detail auf vielen maschinengeschriebenen Seiten verzeichnet hat, inklusive eines Evakuierungsplans mit genauen Zeitabläufen und einer Liste mit den von ihm benötigten Dingen, scheint nun nicht mehr zu wissen, wie er von hier wegkommen soll – aber alle anderen kümmern sich für ihn darum. Der Mann, der im vorhinein an alles gedacht hat, wirkt jetzt völlig desinteressiert.

Schnell! Wir müssen vorbereitet sein, bald ist es vorbei. Im Hof wartet ein Wagen auf uns, das Lösegeld ist da. Ich gehe zur Kantine am anderen Ende des Schulgebäudes, um die Teller mit dem Abendessen zu holen. Nachdem ich den Kindern etwas zu essen gegeben habe, gehe ich wieder, um ihnen warme Jacken zu holen. Die Nacht ist kalt, und sie sollen ja nicht frieren, wenn wir nach draußen gehen. Évelyne und ich entscheiden uns, die Mädchen nicht schlafen zu legen, weil jetzt alles völlig chaotisch ist und wir jeden Moment mit dem Aufbruch rechnen können. Es ist kurz nach 20.00 Uhr.

Mittlerweile komme und gehe ich, wie es mir gefällt und ohne ihn noch um Erlaubnis fragen zu müssen. Er verlangt Spritzen mit Beruhigungsmitteln, um die Kinder beim Aufbruch einschlafen zu lassen. Ich gehe sofort zu den Feuerwehrleuten und hole mir eine kleine Spritze, die ich dann an Évelyne weitergebe. Die läßt sie in ihrer Tasche verschwinden, und das Thema Beruhigungsmittel hat sich erledigt.

Dann gehe ich zu den Eltern und verkünde ihnen, daß die Geschichte bald vorbei sein wird. Sie wissen es bereits, denn der Sicherheitsgürtel um das Klassenzimmer ist gerade weiter nach hinten verlegt worden. Sie sind jetzt noch weiter von ihren Kindern entfernt. Das bedeutet, daß die Situation sich zuspitzt, und sie fürchten das Schlimmste. Seit Stunden schon warten sie, ohne so recht zu wissen, was sie mit sich anfangen sollen, sie hoffen einfach und achten auf jede noch so kleine Bewegung. Jetzt teilt man ihnen mit, daß die Beendigung des Konflikts kurz bevorsteht, und drängt sie »aus Sicherheitsgründen« nach hinten. Wessen Sicherheit? Die ihrer Kinder oder nur ihre eigene? Und sie denken sofort an eine bevorstehende Explosion, eine Möglichkeit, die sie lange Zeit verdrängt haben, und die ihnen jetzt brutal wieder ins Gedächtnis gerufen wird. Ich verstehe, daß sie furchtbare Angst haben. Auch mein Mann hat Angst. Ich, die ich mich mit dem Mann und den Kindern zusammen in einem Raum aufhalte, beruhige sie: »Machen Sie sich keine Sorgen, alles wird gut, es wird sich alles regeln, es wird alles gut ausgehen.«

DRAUSSEN

Den Sender »füttern«

20.00 Uhr: »Guten Abend, die Lage vor der Vorschule ist unverändert ...«[28]

»Guten Abend, das unerträgliche Warten und Hoffen für sechs Kinder ... eine schreckliche Anspannung.«[30]

In den Fernsehnachrichten bringen sie etwa fünf Reportagen (einen Teil davon haben sie schon einmal um 13.00 Uhr gesendet), unterbrochen von sechs Live-Schaltungen. Insgesamt berichten sie ungefähr eine halbe Stunde. Der Rest der Meldungen wird in fünf bis acht Minuten kurz abgehandelt.

Die Reportagen behandeln verschiedene Themen, die mit dem Ereignis zu tun haben, und nur ein Teil davon ist vor der Schule gedreht worden:

- ein zusammenfassender Bericht über die Ereignisse der letzten 32 Stunden;
- ein Portrait der Kindergärtnerin;
- die Ansicht eines Psychiaters über den Zustand der Geiseln;
- wie steht es um die Sicherheit in unseren Schulen? Das Beispiel einer Vorschule in der Provinz;
- es wird an das vorherige Attentat in Neuilly erinnert, zu dem sich jemand mit den geheimnisvollen Initialen »H. B.« bekannt hatte.

Ein Psychiater ist live in das Studio eines Fernsehsenders eingeladen worden.

Der Nachrichtensprecher: »Wer wird unter den Ereignissen am meisten zu leiden haben?« Der Psychiater: »Die Kindergärtnerin.«[30]

Auch wenn ein Teil der Live-Übertragungen schriftlich vorbereitet wurde, so müssen die Sprecher und die Reporter, die sich miteinander unterhalten, aufgrund der zahllosen sachlichen Wiederholungen doch auch improvisieren. Und so entwickeln sich eine Reihe von Fragen und Antworten, die zeigen, wie schwierig es ist, Informationen in Echtzeit zu verbreiten.

Über die Kindergärtnerin:

Ein Sprecher: »Wird man als Kindergärtnerin auf solche Situationen vorbereitet?«[30]

Über die Dauer der Geiselnahme:

Ein Sprecher: »Kann diese Situation noch lange andauern?«

Live-Antwort eines Reporters vor dem Schulzaun: »Die Beendigung steht kurz bevor.«[28]

Ein Sprecher: »Warum dauert das so lange?«

Ein Reporter: »Es ist schwierig, den genauen Zeitpunkt der Beendigung vorherzusagen.«[25]

Ein Reporter: »Man sagt, daß jeden Moment etwas passieren könne.«[31]

Über die bereits freigelassenen Geiseln: »Man hat keine psychischen Schäden bei den Kindern festgestellt.«[23]

00.00 Uhr:

Einige Journalisten werden abgelöst, andere ziehen es

vor zu bleiben. Sie legen sich für ein paar Stunden zum Schlafen in ihre Autos und machen sich dann wieder ans Warten.

DRINNEN

Er will sich nicht rühren

Immer noch nichts. Es ist Nacht geworden. Zum zweiten Mal. Seit einigen Stunden sind wir zum Aufbruch bereit. Der Mann muß nur noch das Signal dazu geben. Mir ist egal, wohin dieser Aufbruch führt – zur Kapitulation, zum Wagen, ins Gefängnis, oder zur Flucht –, wenn wir nur endlich dieses Zimmer verlassen. Die Zeit vergeht unglaublich langsam, ich warte schon so lange, daß ich fast zu heulen anfange. Es wird immer später, die Kinder taumeln vor lauter Müdigkeit, und wir überlegen uns schließlich, sie schlafen zu legen – auf die Gefahr hin, daß wir sie nachher wieder aufwecken müssen. Es ist etwa 22.00 Uhr.

Vor der Tür blockiert jetzt ein Kindertisch den Durchgang. Bei jedem neuen »Besuch« – und die sind zahlreich – müssen Évelyne oder ich aufstehen, über die Drähte klettern, den Tisch beiseite schieben und die Tür öffnen, wenn der Mann es wünscht. Dann wird der Tisch wieder an seinen Platz geschoben. Wenn der Besucher geht, fängt alles von vorne an. Es ist ziemlich ermüdend.

Seitdem dieser Mann in die Klasse eingedrungen ist, habe ich mich kaum ausruhen können, und geschlafen habe ich schon gar nicht. Jetzt kann ich nicht länger gegen die Müdigkeit ankämpfen. Zwischen zwei Besuchen setzte ich mich auf den Boden, den Kopf auf den Knien, und spüre, wie mir gegen meinen Willen die Augen zufallen. Ab und zu merke ich, daß ich eingeschlafen bin; dann kippt mein

Körper zur Seite, und davon werde ich wieder wach. Ich richte mich auf und nicke kurz darauf erneut ein. Einmal seufze ich tief, als ich es an die Tür klopfen höre. Ein bißchen beschämt sagt er zu mir: »Es tut mir leid, daß ich Sie darum bitten muß, Laurence, ich weiß, daß Sie müde sind, aber Sie müssen die Tür öffnen. Es ist eine Frage der Sicherheit.« Mit Mühe komme ich wieder auf die Füße und schleppe mich bis zur Tür.

Der Staatsanwalt ist wieder im Zimmer, und die Diskussion geht weiter. Ich erwache aus meinem Dämmerzustand und nähere mich ihrem Tisch, um zuzuhören. Er schlägt dem Mann ohne Umschweife vor, mit ihm den Raum zu verlassen, in Richtung Gefängnis; das würde bedeuten, daß er am Leben bleibe, sagt er dem Geiselnehmer. Er garantiere für seine Sicherheit. Der andere überlegt einen Augenblick, sagt dann, im Gefängnis würden ihn die anderen Häftlinge dafür umbringen, daß er es gewagt habe, kleine Kinder zu bedrohen. Pierre Lyon-Caen verspricht ihm daraufhin eine Einzelzelle. Der Mann denkt weiter darüber nach, während der Staatsanwalt den Raum verläßt. Erneut muß eine Tür hinter ihm geschlossen werden, und dann wieder aufgemacht werden ...

Als der Jurist wiederkommt, sprechen sie über die Einzelheiten des Aufbruchs. »Ihr Dynamit müssen Sie zurücklassen, das ist sonst viel zu gefährlich«, warnt der Staatsanwalt. Der Geiselnehmer antwortet, daß die Polizisten auf ihn schießen würden, wenn er den Raum ohne sein Dynamit verlasse, daß sie ihn töten würden. Das Dynamit sei sein einziger Schutz. Der Mann des Gesetzes verspricht ihm, daß er nichts zu befürchten habe, sie würden zusammen den Raum verlassen.

Ohne zu erklären, ob er damit einverstanden ist, das Dynamit zurückzulassen, verlangt der Mann jetzt eine Waffe, mit der er sich im Falle eines Angriffs verteidigen will. Der

Staatsanwalt verläßt den Raum, er will den Chef der RAID fragen, was er über diese neue Forderung denkt. Einige Minuten später kehrt er zurück und verkündet, daß eine Pistole gebracht werde und daß ein Spezialist dem Mann sogar eine Demonstration geben werde. Ein maskierter Mann der RAID stellt sich vor und geht zu dem kleinen Tisch. Er hält dem Geiselnehmer die Waffe hin, eine schwere Pistole, viel schwerer als die, die er bisher hatte.

Der Mann nimmt sie und betrachtet sie eingehend. Er scheint noch mißtrauisch zu sein und fordert den Polizisten auf, die Waffe auseinanderzunehmen. Die zwei maskierten Männer beginnen ein Gespräch über technische Details, der Geiselnehmer kennt sich auf diesem Gebiet anscheinend sehr gut aus. Der Polizist nimmt die Pistole auseinander und zeigt jedes einzelne Teil, und dann die Kugeln. Aus nächster Nähe verfolgt der andere die Vorgänge und betrachtet aufmerksam die Geschosse, wiegt sie mit Kennermiene in der Hand.

Der Staatsanwalt versichert dem Mann, daß ihm die Waffe in dem Moment übergeben werde, in dem er die Dynamitstangen und den Zünder abgebe. Der Mann zögert noch und schweigt. Er klammert sich an sein Dynamit und beharrt darauf, daß er ohne es erledigt sei. Er weiß nicht mehr, was er tun soll, er hat Angst und scheint sich verloren zu fühlen. Am Ende kehrt er in seine Ecke zurück und sinkt völlig erschöpft in sich zusammen. Sicher, die Verhandlungen haben Fortschritte gemacht, aber sie sind immer noch nicht zum Abschluß gebracht worden. Angesichts der allgemeinen Erschöpfung und der fortgeschrittenen Stunde schlägt der Jurist vor, die Gespräche morgen früh wiederaufzunehmen. Er geht, gefolgt von dem Polizisten.

Ich bin wütend. Der Mann hatte angekündigt, daß wir gehen würden – oder daß er gehen würde, daß man sich beeilen müsse, und jetzt verkriecht er sich in seiner Ecke, sichtlich verängstigt. Ich kann mich nicht mehr zurückhalten. Ich habe zu lange gewartet, zu sehr an ein Ende geglaubt, als daß ich diesen Rückzieher akzeptieren könnte. Voller Zorn nähere ich mich ihm und sage:

»Warum gehen Sie nicht? Sie haben jetzt alles, was Sie haben wollten: das Geld, ein Auto! Worauf warten Sie noch? In Wirklichkeit haben Sie einen Riesenschiß zu gehen, das ist es, was Sie haben, Schiß!«

»Seien Sie still, Laurence, seien Sie still. Wir werden uns doch jetzt nicht streiten«, fällt er mir ins Wort.

Ich habe recht gehabt. Ich schaue ihn an und mir wird klar, daß die Ereignisse ihm völlig über den Kopf gewachsen sind. Nach einem langen Schweigen stellt er mir eine Reihe von Fragen: »Was machen wir jetzt? Und wenn das Auto eine Panne hat?« Ich glaube zu träumen. Er wendet sich an mich, damit ich ihn berate, ihm Zuversicht gebe, ihm helfe zu gehen und die Ängste vertreibe, unter denen er ganz offensichtlich leidet. Ich bin außer mir: »Aber das ist Ihr Problem, nicht meines! Sie hätten vorher daran denken sollen, wo Sie doch alles bis ins kleinste Detail geplant haben.« Er rührt sich nicht, zieht sich in sich selbst zurück und scheint mit dem Fußboden zu verschmelzen.

Aber was wird aus uns, wenn er nicht gehen will? Ich sehe keine Lösung, es sei denn, diese Geschichte wird endlos weitergehen. Fassungslos verlasse ich den Raum. Auf dem Flur breche ich in Tränen aus, vor den gleichgültig aussehenden Männern der RAID, die dort stehen mit der Waffe in der Hand und dem Finger am Abzug. Als ich mich beruhigt habe, kehre ich in die Klasse zurück und setze mich ohne ein Wort neben Évelyne auf den Boden. Ich fange wieder an, vor mich hin zu dösen, den Kopf auf den Knien. Da schlägt der Mann mir vor, mich eine Weile bei meiner Familie auszuruhen, und Évelyne pflichtet ihm bei: »Ja, das ist eine gute Idee. Diese Nacht wird sich auf keinen Fall mehr etwas Bedeutendes tun. Geh ein wenig schlafen und komm wieder, wenn wir die Kleinen wekken.« Ich bin unschlüssig. Der Gedanke, die Kinder allein zu lassen, beunruhigt mich, aber Évelynes Anwesenheit an ihrer Seite mindert meine Bedenken, und schließlich stimme ich ihr zu. Ich bin hier im Moment nicht unentbehrlich, und wenn ich ausgeruht bin, werde ich wesentlich nützlicher sein.

»Bis gleich«, sage ich zu ihnen, und ich verlasse den Raum, ohne zu wissen, daß ich für eine lange Zeit nicht zurückkommen werde ...

Es ist ungefähr Mitternacht, als ich das Schulgebäude verlasse. Am Samstag will ich ausgeruht und wieder gut in Form zurückkommen. Diejenigen, deren Beruf es ist, in solchen Fällen einzuschreiten – Polizei, Feuerwehr, Gendarmerie ... –, haben alles Notwendige dabei, um vor Ort zu schlafen, sich zu waschen, sich umzuziehen. Ich hingegen habe mich, seitdem der Mann in Schwarz in mein Klassenzimmer eingedrungen ist, nicht einmal waschen oder gar saubere Kleider anziehen können.

Zu meiner Erschöpfung gesellt sich das Gefühl, schmutzig zu sein. Ich sehe ein bißchen aus wie die Mädchen, deren Haare immer zerzauster werden, die Hände verschmiert, die Nägel schwarz und die Kleider schmutzig und stinkend. Ein bißchen ekele ich mich vor mir selbst und verspüre das dringende Bedürfnis, mich zu waschen, mein ursprüngliches Aussehen wiederherzustellen. Ich verbringe einige Stunden bei meiner Familie, aber es gelingt mir nicht, mich von dem Druck zu befreien, mit dem das Geschehen im Klassenzimmer auf mir lastet. Ich kann nicht aufhören, an die Mädchen zu denken, und versuche vergeblich, ein wenig Schlaf zu finden.

III

Samstag, 15. Mai 1993

DRINNEN

Das Ende

Gegen 7.30 Uhr kehre ich zur Schule zurück. Ich weiß es noch nicht, aber als ich ankomme, ist der Mann gerade gestorben. Niemand hat es mir gesagt. Ich erfahre nur, daß »alles vorbei ist«. Ich habe meine Abwesenheit in diesem Moment immer zutiefst bedauert, hätte es vorgezogen, bei der »Beendigung« dabeigewesen zu sein. Lange Zeit war dieses Bedauern von Schuldgefühlen und einem schlechten Gewissen begleitet. Ich habe das Gefühl, ein Kapitel ausgelassen zu haben, das Schlußkapitel, und ich habe lange Zeit gebraucht, um zu begreifen, daß alles vorbei ist. Im Speisesaal sehe ich die Kinder, die sich an ihre Eltern schmiegen. Der Lärm ist praktisch völlig verstummt, alles spielt sich stumm ab. Während dieser zwei Tage und zwei Nächte sind Psychologen bei den Eltern gewesen, die ihnen erklärt haben, wie sie sich ihren Kinder gegenüber verhalten sollen, wenn diese erst einmal befreit worden sind, um sie nicht noch mehr zu traumatisieren. Auf keinen Fall zu überschwenglich sein, keine lauten Gefühlsäußerungen. Keine Hysterie. Sie wie jeden Morgen zärtlich umarmen, den Tod, dem sie nur so knapp entgangen sind, nicht erwähnen, sich bemühen, die Ängste, die man während der letzten 46 Stunden ausgestanden hat, nicht zu zeigen.

Ich finde die Eltern erstaunlich, sie sind sehr ruhig. Sie umarmen ihre Töchter auf eine ganz natürliche Art und

Weise und sprechen ganz normal mit ihnen – der Tag beginnt, Guten Morgen, meine Tochter, es ist schön, dich zu sehen. Ich kann es nicht fassen, denn mir hat niemand »Instruktionen« erteilt. Nicht ein einziger Psychologe hat je mit mir gesprochen, nicht vorher, nicht währenddessen, nicht nachher, und ich weine heiße Tränen. Die Mädchen sind alle noch am Leben, sie sind endlich frei.

Man sieht viele Gesichter, und auf allen liegt ein Lächeln. Ich bemerke Évelyne. Sie ist es, die mir sagt, daß der Mann tot ist. Er ist tot, sage ich mir. Ich weiß nichts über die näheren Umstände. Ich kann es noch nicht richtig realisieren, bin weder glücklich darüber noch unglücklich. Ich lasse mich treiben, fühle mich, als ob ich aus einem viel zu langen Alptraum aufwachen würde.

DRAUSSEN

Gérard Smec oder Erick Schmitt?

7.28 Uhr: »H. B.« wird bei der Befreiung der sechs Mädchen von den Männern der RAID niedergeschossen.

7.30 Uhr: Nachdem sie einige Stunden bei ihrer Familie gewesen ist, kehrt die Kindergärtnerin zur Schule zurück.

7.32 Uhr: Radioreporter verkünden, daß sie von der Grundschule aus, die am anderen Ende des Hofes der Vorschule gelegen ist, Polizisten mit kleinen Mädchen auf den Armen gesehen haben. Sie verfügen nicht über offizielle Informationen, aber da sie die Mädchen mit eigenen Augen gesehen haben, berichten sie mit aller nötigen Vorsicht, daß die Beendigung der Geiselnahme kurz bevorstehe oder sogar bereits stattgefunden habe.

Die großen Fernsehsender entschließen sich zu einer Programmänderung, unterbrechen die morgendlichen Zeichentrickfilme und bringen verschiedene Sondersendungen.

7.40 Uhr: Erste Sondersendung. »Guten Tag, soeben hat die Geiselnahme an der Commandant-Charcot-Schule aller Wahrscheinlichkeit nach ein Ende gefunden, ich schalte live zu unserem Reporter vor Ort ...«

7.50 Uhr: Zweite Sondersendung. »Guten Tag, wir haben jetzt die offizielle Bestätigung, der Geiselnehmer ist getötet worden [...]«[32]

8.05 Uhr: Dritte Sondersendung: »Es ist offiziell bestätigt worden, daß die Geiselnahme glücklicherweise ein Ende gefunden hat.«[33]

9.40 Uhr: Vierte Sondersendung des Morgens. Die Reporter, die für die Live-Übertragungen zuständig sind, haben sich etwa 100 Meter vor der Schule aufgestellt. Das erschwert ihnen die Arbeit: Ständig auf Sendung, fehlt ihnen die Zeit, neue Informationen zu beschaffen oder den Wahrheitsgehalt derjenigen Dinge zu überprüfen, die sie gesagt bekommen haben.

Und so wird man Zeuge überraschender Szenen: Ein Sprecher im Studio erhält eine Kurzmeldung der französischen Presseagentur, die nach einer Information aus »offizieller Quelle« die Identität des Geiselnehmers bekannt gibt. Aber anstatt sie zu verlesen, fragt er den Reporter vor Ort, ob er sie kenne. Vor der Schule kursieren zahlreiche Gerüchte, und der Reporter kennt einen Namen, ohne zu wissen, ob es sich um den richtigen handelt. Er nennt ihn trotzdem und liegt prompt daneben ... während sein Kollege den richtigen kennt:

Der Sprecher: »Kennen Sie den Namen des Geiselnehmers? Auf dem Fax ...«

Der Reporter: »Gemäß den Informationen, die wir hier erhalten haben, heißt er Gérard Smec, haben Sie denselben Namen?«

Der Sprecher: »Nein, gemäß einer Meldung der AFP von 9.40 Uhr heißt er Erick Schmitt, aus sicherer Quelle, wie die AFP sagt, und er war ein in Algerien lebender Franzose.«

Der Reporter: »Gut, ich glaube, man kann dieser Quelle vertrauen. Gérard Smec, Erick Schmitt, vielleicht ist die Ursache für den Fehler hier vor Ort, daß die Namen ähnlich klingen; aber lassen Sie uns mit Ihrer Erlaubnis wieder auf die Identität dieser zwei Frauen zurückkommen ...«[32]

7.40 Uhr bis 10.46 Uhr: Sechs Sondersendungen unterbrechen das reguläre Programm der großen Fernsehsender.

10.46 Uhr: Unterbrechung des Fernsehprogrammes anläßlich der Übertragung einer Pressekonferenz des Innenministers, Charles Pasqua. Die Konferenz wird in voller Länge live aus dem Ministerium gesendet.

13.00 Uhr: In den Fernsehnachrichten, die alle unter dem Titel »Sonderausgabe« laufen, ist das einzige Thema die Geiselnahme. Es werden insgesamt acht Reportagen gesendet, unterbrochen von einer Live-Schaltung und einer Gesprächsrunde.

»... Die heldenhafte Kindergärtnerin, vor deren Mut sich alle verneigen ...«[34]

»... Laurence Dreyfus hat die Kinder, die ihr anvertraut waren, keinen Augenblick im Stich gelassen, und auch wenn sie wirklich einmal eine oder zwei Stunden Schlaf nötig hatte, so blieb sie doch immer an ihrer Seite [...]«[35]

»... Sie hat sich durch ihren Mut und ihre Entschlossenheit die Bewunderung aller verdient. An diesem Abend ist Laurence Dreyfus zu ihrer Familie und ihren Freunden zurückgekehrt, und bald – denn es ist ihre Berufung – wird sie auch den Weg in ihr Klassenzimmer zurückfinden, wo sie mit Ungeduld und voller Stolz ihre Kollegen und ihre Schützlinge erwarten.«[36]

20.00 Uhr: Die Geiselnahme nimmt ungefähr 40 Minuten, also den Großteil der Nachrichten ein. Es gibt neun Berichte bei einem Sender, acht bei einem anderen, dazwischen Gesprächsrunden im Studio. Der Rest der Meldungen wird in wenigen Minuten »zusammengefaßt«.

DRINNEN

»Nur ein kleines Photo«

Es ist stärker als ich. Ich ertrage es nicht, wenn man ein Photo von mir macht. Ich mag es nicht, dafür zu posieren, und noch weniger mag ich es, wenn man ohne mein Wissen ein Bild von mir macht. Und so sage ich an diesem Samstag abend zuerst nein, als alles vorbei ist und die Feuerwehrleute mich um ein Photo bitten. Ich sehe furchtbar aus, ich bin müde, und ich habe nicht mehr Verlangen danach, photographiert zu werden, als sonst auch. Doch die Feuerwehrleute bestehen darauf. »Kommen Sie schon Laurence, nur ein kleines Photo, ein privates Erinnerungsbild, das bleibt ganz sicher unter uns.« Ich sehe mich um. Meine sechs kleinen Schützlinge scheinen sich beruhigt zu haben, sie kuscheln sich in die Arme ihrer Eltern, und es ist ein wirklich sehr bewegender Moment. Évelyne lächelt, sie ist ruhig und erleichtert, der Minister wirkt mit einem Mal ganz entspannt und legt mir eine Hand auf die Schulter, jemand anderes gratuliert mir. Fast alles ist gut ... Ich werde doch jetzt keine Spielverderberin sein. Es gibt Augenblicke, in denen man wirklich nicht nein sagen sollte. Also gebe ich mir einen Ruck, verdränge meine Bedenken und meinen Egoismus und erkläre mich für dieses eine Mal einverstanden. Um ihnen eine Freude zu machen.

Hier, im Speisesaal, fühle ich mich jedenfalls in Sicherheit. Einige Minuten vorher, kurz nach der Beendigung der Geiselnahme, als meine sechs kleinen Mädchen ihre Eltern wiedergefunden hatten, zog ein anwesender Journalist – ich weiß nicht, wie er hereingekommen war und wie lange er schon da war – auf einmal einen Photoapparat hervor, um die »Familienvereinigung« festzuhalten. Ein Mann der RAID ist sofort auf ihn losgegangen, hat ihm den Film abgenommen und ihm verboten, unser Beisammensein zu stören. Zutritt verboten. Nicht anfassen.

Ich bin also beruhigt, die Bilder der Feuerwehrleute werden nicht nach »draußen« gelangen. Es ist nur eine Erinnerung an eine schlimme Zeit meines Lebens. Ich deute ein Lächeln an, als der Blitz uns blendet.

Einige Tage später, als ich die Bilder, die die Feuerwehrleute gemacht hatten, auf den Titelseiten zweier großer Magazine wiederfand,weinte ich. Aus Wut, aus Unverständnis und aus Empörung.

Später widmete sich auch *Le Canard enchaîné*[37] der Frage nach der Herkunft dieser Bilder, und sie fanden erstaunliche Dinge heraus. Ein Journalist vertraute dem Wochenblatt an[38], daß es ihm gelungen sei, die Photos umsonst zu bekommen, dank der Bemühungen der Polizeipräfektur; die Feuerwehrleute hatten dieser die Bilder anvertraut. Darauf angesprochen, dementierte die Präfektur. Man antwortete, alle Photos würden sorgfältig in einem Safe verschlossen liegen.

Aber wer gab sie dann an die Presse weiter? Diese Bilder, die derart hohe Verkäufe eingebracht haben, scheint niemand gemacht zu haben – »ein Werk des Heiligen Geistes«, wie *Le Canard* ironisch feststellte.

Pressebelagerung

Vorbei. Es ist vorbei. Der Satz geht mir immer wieder durch den Kopf. Nach und nach entspannt sich mein Körper. Meine

Muskeln werden lockerer, ich fühle mich leer, kraftlos. Ich will nach Hause, will meine Tochter sehen und mich ausruhen. In diesem Augenblick verspüre ich ein extremes Bedürfnis nach Ruhe. Ich glaube, daß jetzt alles überstanden ist, daß man jetzt einfach versuchen muß, sich von diesen zwei wahnsinnigen Tagen zu erholen, daß man sich daran gewöhnen müssen wird, mit diesen schrecklichen Erinnerungen zu leben. Daß das nicht einfach sein wird, ahne ich bereits. Zwei Tage lang habe ich wie nie zuvor in der Gegenwart des Todes gelebt und habe unglaubliche Ängste ausgestanden. Daraus werde ich nicht ohne Schaden hervorgehen. Ich bin völlig durcheinander, aus der Bahn geworfen, und ich weiß, daß nur die Nähe derjenigen, die mir etwas bedeuten, mir helfen kann, wieder zu mir selbst zu finden.

Die Geiselnahme ist vorüber, aber ich habe noch nicht die geringste Ahnung, daß der »Rest« bis jetzt nur so eben angefangen hat – zu diesem Zeitpunkt war ich vielleicht naiv oder auch einfach nur gleichgültig gegenüber den Abläufen in der Presse, der Politik und im öffentlichen Leben. Seitdem habe ich viel dazugelernt.

Kaum daß ich der Geiselnahme entkommen bin, werde ich gegen meinen Willen von einer anderen Welt vereinnahmt. Einer Welt, die fast genauso verrückt ist wie die, der ich gerade entkommen bin, zumindest für den, der ihr zum Opfer fällt (beziehungsweise für den glücklichen Auserwählten, je nach dem Standpunkt des Betrachters). Es fängt an, als ich das Schulzentrum verlassen will: Zusammen mit meinem Mann sitze ich in einem der Wagen der Feuerwehrleute, die uns nach Hause bringen, das Schultor öffnet sich, und wir sind sofort von einer Horde Photographen und Kameraleute umzingelt. Sie drängen sich um das Auto und hindern es am Weiterfahren, halten ihre Objektive vor die Fenster und blenden uns mit ihren Blitzlichtern. Sie reden nicht, sie schreien: »Es ist die Kindergärtnerin! Es ist die Kindergärtnerin!« Andere rufen mich beim Namen, »Laurence! Laurence!«, als ob sie mich kennen würden. Sie stoßen sich gegenseitig weg, um in der ersten Reihe zu stehen bei dieser erbärmlichen Präsentation einer vollkommen erschöpften Frau am Rande eines Nervenzusammenbruchs. Ihre Gewalttätigkeit jagt mir auf einmal Angst ein. Es ist ein furchtbares Gefühl. Ich verberge mein Gesicht zwischen den Händen. Später erkläre ich, daß die Presse mir mehr Angst eingejagt habe als der Geiselnehmer. Das ist die Wahrheit. Sicher, ich habe das Gesicht des Mannes nie gesehen, und doch schien er mir weniger anonym und unpersönlich als diese Ansammlung fiebernder, anstandsloser Journalisten. Auf seine Art und Weise, in seiner ganzen Verrücktheit, respektierte er mich und war mir gegenüber immer höflich, so wie man eine Person behandelt, die man nur flüchtig kennt. Die Reporter kleben am Auto, besessen von einem einzigen Verlangen: Sie wollen ein Photo bekommen, ein Bild, eine Zeugnis, so bewegend wie möglich.

Ich hätte mein Fenster herunterkurbeln können, mit einem ausdrucksstarken Lächeln, in dem sich die Hölle, die ich durchlebt hatte, widergespiegelt hätte, hätte auf zwei oder drei ihrer Fragen antworten können: »Und, war es hart?«, »Welches war der schrecklichste Augenblick?« oder auch »Sind Sie jetzt glücklich?«. Und am Ende des Interviews hätte ich völlig erschüttert live vor den Mikrophonen weinen können, oder doch beinahe, und »ganz Frankreich« – wie die Reporter sagen – hätte eine Träne vergossen angesichts einer solch herzzerreißenden Vorstellung. Ja, ich hätte alles das tun können, anstatt diese Zeilen zu schreiben. Es geht hier nicht darum, alte Rechnungen zu begleichen. Ich wollte lediglich zeigen, wie schrecklich es ist, sich dieser gigantischen Medienmaschinerie gegenüberzusehen. Sicher, einige empfinden ein großes Vergnügen dabei, zu einem »Thema« in den Medien zu werden, aber das gilt nicht für alle. Es gibt Journalisten, die davon überzeugt zu sein scheinen, daß die Menschen alles tun würden, um in ein Mikrophon sprechen oder in den 20-Uhr-Nachrichten auftreten zu können. Nein. Ich bezeuge, daß nicht alle Menschen das wollen, im Gegenteil.

Und nein, ich habe das Spiel der Medien nicht mitspielen wollen. Ich bin nicht im Zirkus und ich bin nicht bereit, die Rolle des dressierten Seelöwen zu übernehmen, der alles tut, was man unter diesen Umständen von ihm erwartet. Die Reporter stellen beim Interview genau die Fragen, die man ihnen in dieser Situation zu stellen beigebracht hat, und ihre Gesprächspartner haben nichts anderes zu tun, als sich bei ihren Antworten vom »gesunden Menschenverstand« leiten zu lassen. Es funktioniert perfekt. Man kann praktisch nur das sagen, was die anderen hören wollen. Wahrheit oder Wirklichkeit sind nebensächlich, es ist das Gefühl, das immer siegt.

Im Augenblick sind wir in diesem Wagen gefangen, direkt am Ausgang der Schule. Der Feuerwehrmann schickt sich an, weiterzufahren, er tritt aufs Gaspedal, um diese neugierige Horde auseinanderzutreiben, und beschleunigt. Photographen springen auf ihre Motorräder und verfolgen uns. Der Feuerwehrmann fährt sehr schnell, die Reifen des Wagens quietschen wie in einem schlechten Film. Er rast durch Paris. Zwei Motorräder verfolgen uns noch. Unser Fahrer beschleunigt und biegt gegen die Fahrtrichtung in eine Einbahnstraße ein. Das erste Motorrad gibt auf, das zweite ist immer noch hinter uns. Unsere Geschwindigkeit erschreckt mich, ich habe Angst vor einem Unfall. Der Wagen fährt nun auf die Stadtautobahn, die an diesem Morgen fast völlig leer ist. Das Motorrad beschleunigt und setzt sich neben uns, auf gleiche Höhe, und der Photograph versucht, ein paar Bilder zu schießen. Aber wir fahren alle beide viel zu schnell, und ich mache mich ganz klein auf der Rückbank. Dann fällt dem Feuerwehrmann ein, wie er die Verfolger abhängen kann. Er fährt zu einer Kaserne im 17. Arrondissement, die einen ganzen Häuserblock einnimmt. Er schaltet die Sirene ein, die Kasernentore öffnen sich und schließen sich dann gleich wieder – der Motorradfahrer bleibt ganz allein auf der Straße zurück, während wir in aller Ruhe durch ein zweites, versteckt liegendes Tor die Kaserne wieder verlassen. Das Spiel ist gewonnen.

Wir kommen alleine bei unserer Wohnung an. Ich bin zu Hause, stehe aber noch unter dem Schock dieser Verfolgungsjagd, als von der Straße her Lärm zu uns dringt. Durch das Fenster sehe ich eine Gruppe von Journalisten und Photographen. Sie dringen in das Haus ein, umzingeln die Loge der Pförtnerin, klingeln an allen Türen, in der Hoffnung, meine offen zu finden. Sie klingeln lange und ausdauernd, mehrere Male hintereinander, einer nach dem anderen. Es macht einem Angst. Dann gehen sie enttäuscht wieder hinunter und postieren sich vor dem Hauseingang, so wie sie sich vor dem Zaun der Vorschule postiert hatten. Sie warten auf uns. Es sind genug von ihnen da, um uns den Mut zu nehmen, das Haus zu Fuß zu verlassen und unsere kleine Tochter abzuholen, die nur ein paar hundert Meter entfernt Zuflucht gefunden hat. Ich brauche Ruhe, ich will mein Kind sehen. Zu der ganzen Unruhe, die meine Kleine die letzten beiden Tage mitbekommen hat, möchte ich jetzt nicht auch noch die aggressiven Blitzlichter hinzukommen lassen, die Schreie und das Gedränge der Reporter. Was sollen wir tun, wie kommen wir hier raus? Ich bin völlig erschöpft.

Mein Mann schaltet das Fernsehen ein, und wir bekommen mit, welche Bedeutung die Medien dieser Geiselnahme und den Mitwirkenden des Dramas beimessen. Im Radio und im Fernsehen spricht man von nichts anderem.

Wieder und wieder berichten sie: »Die Kinder gesund und in Sicherheit ... der Fanatiker ist tot ... die großartige Kindergärtnerin ... der mutige Nicolas Sarkozy ... der glückliche Ausgang ...« Man wird überall davon berieselt. Auf fast allen Sendern werden Psychiater zu den Folgen für die Opfer der Geiselnahme befragt, zu den möglichen Traumata. Ich höre den Psychiatern zu. Alle sind überzeugt davon, daß die Kinder keine großen Schäden zurückbehalten werden, da sie noch sehr jung sind. Die Ärzte erklären auch, daß ich es sein werde, die unter dieser Geschichte am meisten leiden wird. »Vor allem um sie muß man sich kümmern«, stellen sie im wesentlichen fest. »Sie wird eine gute ärztliche Betreuung brauchen.«[30] »Ja, sie wird sicher gut betreut werden müssen«, erwidern die Journalisten voller Überzeugung.

Noch heute muß ich darüber lachen. Betreut ... Wieso betreut? Wer hat sich der Opfer dieser Geiselnahme angenommen? Wen haben die psychologischen und auch ganz einfach die praktischen Folgen dieses Ereignisses denn gekümmert? Wer hat sich Sorgen darüber gemacht, wie ich mit all diesen Geschehnissen fertig werden, mit ihnen weiterleben konnte? Wer hat mich vor den Journalisten beschützt? Wer hat sich dafür interessiert, wie erschöpft ich war?

Die Geiselnahme ist vorüber, ein Feuerwehrmann setzt mich bei mir zu Hause ab, und die Sache ist gelaufen. Entgegen dem Anschein sind die Kinder wie Postpakete bei ihren Eltern abgeliefert worden, so wie ich bei mir abgeliefert worden bin. Ich bin nicht ein einziges Mal bei irgendeinem Arzt gewesen. Ich habe nie auch nur mit einem einzigen Psychologen über das gesprochen, was ich habe durchmachen müssen. Man hat mir kein einziges Beruhigungsmittel gegeben, um mir am Abend nach der Rettung süße Träume zu ermöglichen. Man hat mir nicht einmal geholfen, aus meiner Wohnung rauszukommen.

Man hat mich einfach mir selbst überlassen, ohne sich im geringsten um den Schock zu kümmern, den ich erlitten hatte, noch um die Folgen des öffentlichen Interesses an dieser Geschichte für mein Privatleben.

Man glaubt immer, daß der Staat sich dieser Menschen annähme, daß er sie zu einem sicheren Ort bringen würde, um sie zu schützen. Wenn man nichts mit der Geschichte zu tun hat, stellt man sich gerne vor, wie eine großartige Infrastruktur sich um diejenigen kümmert, die Opfer eines dramatischen Ereignisses geworden sind. Durch das völlig manipulierte Bild, das die Medien von dieser Rettung gezeichnet haben, haben sie gegen ihren Willen diese Illusion weiter aufrechterhalten. Aber es ist nichts passiert, überhaupt gar nichts.[39]

Unsere Tochter zurückholen, über das Wochenende einige Straßen weiter bei meinen Schwiegereltern Zuflucht suchen und dann Paris für eine Woche verlassen: Die Idee ist gut, nur fehlen uns die Mittel, sie auch umzusetzen. Wir sind Gefangene in unserer eigenen Wohnung, ohne Auto, und sehen uns einer Mauer aus Journalisten gegenüber. Mein Mann ruft bei der nächstgelegenen Polizeiwache an. »Meine Frau hat bei der Geiselnahme in der Schule in Neuilly ... Journalisten vor unserem Haus ... unmöglich, die Wohnung zu verlassen, um die Metro zu nehmen ... können Sie uns helfen, die Wohnung zu verlassen und uns zu unserer Tochter bringen, nur einige Häuserblöcke von hier entfernt?« Etwas später verlassen wir unser Haus in Begleitung zweier Polizisten; ich klammere mich an den Arm des einen und lasse mich von ihm bis zu ihrem Auto führen. Sofort, als sie mich erkennen, stürzen die Journalisten sich auf mich, bombardieren mich mit Blitzlichtern. Ich trage eine dunkle Brille, um zu verbergen, wie elend ich mich fühle.

IV

Später

DRINNEN

Ein Exklusivinterview

Ich möchte nicht mit den Journalisten sprechen. Zumindest nicht im Augenblick. Es ist viel zu früh. Ich bin dieser Geschichte erst vor einigen Stunden entkommen und bin sehr erschöpft. Noch unter dem Einfluß vielfältiger Gefühle stehend, habe ich nichts zu erzählen. Ich habe keine Lust, mich vor ihnen zur Schau zu stellen noch ihnen mein Leid zu klagen. Aber siehe da, ich habe kein Glück: Mein Mann arbeitet zu diesem Zeitpunkt gerade bei *Paris-Match*[40] in der Werbeabteilung. Ich selbst habe keine Ahnung, wie die Dinge in diesem Milieu laufen. Er kennt die Abläufe und gibt zu, daß sie ihre eigene Logik haben.

Er sieht, wie die Journalisten der anderen Medien uns seit dem Verlassen der Schule bedrängen, und ist überzeugt davon, daß sie solange weitermachen werden, bis ich mit einem von ihnen gesprochen haben werde. Vor einigen Stunden habe ich es abgelehnt, an der vom Innenministerium organisierten Pressekonferenz teilzunehmen. *Paris-Match* schlägt ein Interview vor, schnell, diskret, eine einmalige Sache. Danach, so versprechen sie, werden sie mich in Ruhe lassen. Laurent glaubt, daß das ein Weg ist, die Presse zu beruhigen und wieder in Frieden gelassen zu werden.

Die Redaktion von *Paris-Match* ist nicht dumm, sie gehen mit aller Vorsicht vor. Kaum daß wir uns von der Vorstellung eines drohenden Todes befreit haben, werden wir schon wieder unter Druck gesetzt. Ich bin wütend, ich will, daß man mich in Frieden läßt, und ich bin furchtbar müde und erschöpft ... Das, was ich mir in diesem Moment am sehnlichsten wünsche, ist zu schlafen, und diese Geschichte mit *Paris-Match* hindert mich ganz einfach nur daran, die Augen zufallen zu lassen. Die Diskussion wird immer hitziger, aber die Schläfrigkeit läßt mich kapitulieren. Im Austausch gegen das Recht, in Frieden zu schlafen, erkläre ich mich resigniert dazu bereit, ein Interview zu geben.

Die Verantwortlichen von *Paris-Match* wollen zuerst einen Phototermin organisieren. »Kommt überhaupt nicht in Frage«, sage ich. Auf keinen Fall. Ich akzeptiere nur eine einfache Zeugenaussage, nicht mehr. Doch die Redaktion besteht darauf, sie meint, daß unbedingt Bilder von mir dabei sein müßten. Ich willige ein, einige schon ziemlich alte Familienphotos zur Verfügung zu stellen. Wir legen den Sonntagnachmittag als Zeitpunkt für das Treffen fest, das beim Eigentümer des *Paris-Match* zu Hause stattfinden wird. Ich gehe gegen meinen Willen hin, fühle mich sehr unbehaglich. Mein Mann setzt durch, daß direkt neben dem Interview ein Text abgedruckt werden wird, den wir am Vortag selbst geschrieben haben und in dem wir die Gründe für die Exklusivität dieses Interviews erklären und unsere Flucht vor den anderen Medien rechtfertigen. Danach verlangen wir, daß ich nur auf dem Titelbild dieser einen Ausgabe zu sehen sein werde. Sie versprechen es uns. Ich treffe mich mit einem Journalisten, der meine Erzählung auf Band aufzeichnet und die alten Photos entgegennimmt. Dann verlassen wir in aller Eile Paris. Wir fliehen vor den Erinnerungen an diese Geiselnahme und vor all denen, die aus uns etwas machen wollen, was wir nicht sind.

Einige Tage später entdecke ich mich beim Zeitschriftenhändler auf der Titelseite von *Paris-Match*. In großen Buchstaben haben sie »DANKE LAURENCE« geschrieben.[41] Danke? Wofür? Für meinen Mut oder für das Exklusivinterview, das ich ihnen gegeben habe? Keine Ursache. Aber es ist das letzte Mal, das ich mich auf so etwas einlasse ... Andere Magazine haben mich ebenfalls auf der Titelseite, mit Photos, die während der Geiselnahme mit einem Teleobjektiv aufgenommen worden sind.

Ich erhole mich auf dem Land, fern von diesem ganzen Rummel. Der Anblick der Meeresküste wirkt beruhigend.

Doch nach einer Woche Erholung erwartet mich eine böse Überraschung, als ich zurück in Paris bin. Ich gehe wieder zur Arbeit und nehme dazu auch wieder die Metro. Ich sitze in der Bahn, als ich mir gegenüber eine Dame bemerke, die mich auf eine seltsame Art und Weise anstarrt. Sie scheint mich zu kennen oder mich doch zumindest irgendwo schon einmal gesehen zu haben. Sie liest *Paris-Match*, und ich bemerke voller Verblüffung, daß ich zum zweiten Mal auf der Titelseite bin, diesmal zusammen mit Évelyne Lambert, der Ärztin, die gleichzeitig Hauptmann der Pariser Feuerwehr ist. Auch bei dieser zweiten Nummer haben sie einen fettgedruckten Titel gewählt: »BRAVO ÉVELYNE«[42]. Das scheint wirklich eine Manie bei ihnen zu sein! Das Photo auf der Titelseite ist direkt nach der Rettung gemacht worden. Es ist ein wirklich sehr persönlicher Moment; sicher, von niemand anderem beobachtet zu werden, bin ich vor Évelyne in Tränen ausgebrochen. Und jetzt finde ich mich heulend vor Millionen von Lesern wieder ... Dieses Photo kann nur von jemandem gemacht worden sein, der auch in der Schule war. Es ist ein indiskretes Photo und zeigt einen Augenblick, den ich gerne für mich allein behalten hätte. Ich weiß nicht, wie dieses »gestohlene« Photo (und all die anderen, die sich im Innenteil befinden) auf den Schreibtisch von *Paris-Match* gelangt ist. Der Weg, den es genommen hat, könnte einiges erzählen über die Art und Weise, wie es in diesem Milieu zugeht, aber das sind Dinge, über die man nicht spricht. Und das ist wirklich sehr schade, denn ich bin überzeugt davon, daß diese Dinge eine Menge Leser interessieren würden ...

Ich bin den Blicken der anderen ausgesetzt und fühle mich meines eigenen Bildes beraubt, verraten.

Als andere Medien später behaupten, ich hätte meine Exklusivrechte sehr teuer verkauft, fühle ich mich gedemütigt. Mein Mann und ich hatten uns doch extra die Mühe gemacht, einen Text zu verfassen, in dem wir erklärt haben, warum wir vor den Medien geflohen sind und was uns zu diesem Exklusivinterview bewogen hat:

»Von einem Tag auf den anderen akzeptieren zu können, daß man eine Person von öffentlichem Interesse geworden ist, setzt eine Vorbereitung oder eine Motivation voraus, die wir nicht hatten. Akzeptieren zu können, daß man seines eigenen Bildes beraubt wird, daß man für Millionen von Menschen zur Personifizierung des Mutes wird, der Aufopferung, der Standhaftigkeit [...], das ist nicht einfach ... vor allem, wenn man um seine eigenen Schwächen weiß [...]. Wer kann sich mit Anstand zur Schau stellen, wenn der Tod eines Mannes, sei er noch so gefährlich, nicht auf eine natürliche Boshaftigkeit, sondern eher auf seinen kranken Geist und seine Einsamkeit zurückzuführen ist? [...] Wir haben es für richtiger und ehrenhafter gehalten, uns dagegen zu wehren, daß wir systematisch zur Schau gestellt werden. Mut ist nicht das Eigentum einer »mutigen Kindergärtnerin«. Wenn wir uns – ohne Gegenleistung – damit einverstanden erklärt haben, in *Paris-Match* das Wort zu ergreifen, dann deshalb, weil einer von uns beiden dort arbeitet.«[43]

Es scheint, daß dieser Text niemanden überzeugen konnte. Man sah darin lediglich »einen schlauen Schachzug«. Ich bin fassungslos und fest entschlossen zu schweigen.

Ich habe es immer bedauert, diesem Interview zugestimmt zu haben. Ich bedaure es noch heute. Rückblickend bedauert es auch mein Mann.

Hinter der Maske

Zwei Tage lang habe ich mich gefragt, wie dieser Mann ausgesehen haben könnte. Ich entdecke sein Gesicht einige Tage nach der Geiselnahme in der Zeitung. Sofort erkenne ich die Augen wieder, dunkelbraun. Sein Gesicht ist gewöhnlich. Es hat nichts Überraschendes für mich, aber es ist eine große Erleichterung, unter dieser Maske, die sich in meiner Erinnerung festgesetzt hat, Wangen zu sehen, eine Nase, Haare, ein Leben. Ich rufe mir seine Stimme ins Gedächtnis und versuche zu verstehen.

Ich lese alles, was die Presse über ihn schreibt, will unbedingt den Grund herausfinden, warum er es getan hat, um endlich einen Schlußstrich unter die Geschichte ziehen zu können. Er hieß Erick Schmitt, war Informatiker, ehemals Direktor einer Firma, ein arbeitsloser Manager. Dieser geschiedene Mann war sehr einsam. Einige Medien sehen darin die Erklärung für sein Tun. Wenn man ihnen Glauben schenken will, dann hat er logisch gehandelt, fast mußte er es tun: Die Arbeitslosigkeit ist schuld, die Krise, eine Gesellschaft, die ihre Werte verliert und entwurzelte Menschen hervorbringt ... Die Arbeitslosigkeit soll ihn dazu gebracht haben, in unsere Klasse einzudringen? Die Einsamkeit? Glücklicherweise verspüren nicht alle Arbeitslosen und Einsamen dieses Bedürfnis, sonst würde es im Lauf der Zeit mehr Geiselnehmer in den Klassen geben als Kindergärtnerinnen ...

Diese Erklärungen überzeugen mich nicht. Sicher, ich weiß, daß es sein Unglück war, das ihn in den Wahnsinn getrieben hat, aber es bleibt ein Teil seines Geheimnisses, das niemand jemals lüften wird. Während er die letzten Stunden seines Lebens in diesem Klassenzimmer verbrachte, sprach er über Politik, über Geld, Korruption, die Polizei, aber er sprach nicht ein einziges Mal von sich selbst. Offensichtlich interessierte ihn dieses Thema nicht mehr. Noch heute frage ich mich, warum das so war.

Und dann kam die Zeit der Diskussionen[44]. »*Human Bomb* im Schlaf getötet«[45], bekam man zu lesen. Ich hatte Schwierigkeiten damit, daß man die Umstände seines Todes in Zweifel zog, wo doch seine Sprengstoffinstallation derart gefährlich gewesen war, und wir unser Leben riskiert hatten. Es war als ob man unser Leid leugnen würde oder als ob man es schmälern würde, es anzweifelte. Ich konnte nur mit Mühe akzeptieren, daß man über Recht und Gerechtigkeit diskutierte, wo doch der Mann – durch die Geiselnahme – ein Verbrechen begangen hatte, das darin bestand, mit dem Leben anderer zu spielen.

Ich war wohl die allerletzte, die sich eine vernünftige Meinung zu dieser Frage hätte bilden können. Aber ich habe weiterhin alles gelesen, was über ihn geschrieben wurde. Es geht nicht darum, wie ich heute über den Tod des Mannes denke. Ich war nicht dabei, ich weiß nicht mehr, als in den Zeitungen stand. Im übrigen hat die Diskussion keine besonders große Aufmerksamkeit erregt, wesentlich weniger jedenfalls als die Geiselnahme selbst. Das Fernsehen hat es nicht für notwendig befunden, Sondersendungen auszustrahlen oder auch nur die 20-Uhr-Nachrichten mit einer Diskussion um den Tod des »H. B.« zu beginnen, einer Diskussion, die in ihren Anfängen stekken blieb. Und so wirft diese Geschichte eine Menge Fragen darüber auf, was einen Skandal wert ist und was nicht, was die Öffentlichkeit interessiert und was nicht, womit man Gewinn erzielen kann und womit nicht.

Schneller leben

Die Wochen nach der Geiselnahme verstreichen in einer Art Hochstimmung. Alle meine Freunde wollen mich besuchen kommen: Die Kette der Einladungen zum Abendessen reißt nicht ab, und wir sind ständig unterwegs. Diese zwei Tage des Eingeschlossenseins haben mir etwas Wesentliches in Erinnerung gerufen: Der Tod ist überall und kann einen jederzeit überraschen. Der Gedanke an den Tod läßt mich nicht mehr los, ich bin ihm zu nahe gewesen, um ihn jemals wieder vergessen zu können. Also beeile ich mich bei allem und bin in ständiger Aufregung. Ich will mich nicht mehr schlafen legen, will nichts mehr von meiner kostbaren Zeit vergeuden. Ich will das Glücksgefühl auskosten, am Leben zu sein.

Die Menschen kommen mir traurig vor, allzu vernünftig, allzu besorgt um ihre Zukunft. Ich selbst habe meine Befangenheit verloren, fühle mich leicht und sorglos. Ich will frei sein von Zwängen und quälenden Sorgen. Nach dem, was ich durchmachen mußte, ist – in meinen Augen – nichts mehr wirklich wichtig. Dann wird mir klar, daß ich jetzt ganz anders bin.

Dieses Hochgefühl fällt schnell wieder in sich zusammen und läßt mich ratlos und deprimiert zurück. Ich muß mir eingestehen, daß ich vor allem Angst habe, besonders vor den anderen Menschen, vor den Menschenmassen, denen man in der Metro oder auf der Straße begegnet. In jedem dieser unbekannten Passanten sehe ich einen möglichen Geiselnehmer. Ich erwarte, daß sie eine Pistole hervorziehen oder mir Dynamitstangen entgegenstrecken. Wenn sich jemand anschickt, mich nach der Uhrzeit zu fragen, mache ich einen Satz und springe drei Meter zurück.

Diese 46 Stunden lassen mich nicht mehr los. Wieder

und wieder durchlebe ich jede Minute der Ereignisse. Die Erinnerung an die Geiselnahme dreht sich im meinem Kopf im Kreise, bis sie anfängt, mein Leben zu lähmen. Der kleine Film begleitet alle meine alltäglichen Gesten: Ich arbeite, ich kümmere mich um meine Tochter, ich verlasse die Wohnung, und bei alldem denke ich unaufhörlich an den Mann in Schwarz und seine Pistole. Es zehrt an mir, macht mir Angst. Ich ziehe mich in mich selbst zurück, unfähig, mit meiner Familie und meinen Freunden, die glauben, daß ich mich gut erholt habe, über mein Elend zu sprechen ...

Nicht einen Augenblick lang kann ich mich entspannen. Zu Hause glaube ich, Geräusche zu hören. Ich habe Angst vor allem und jedem, besonders vor der Dunkelheit. Ich habe Alpträume. Diese Angstzustände dauern sehr lange an. Ich glaube, verrückt zu werden, was mich nur noch mehr deprimiert, fühle mich ganz furchtbar einsam und allein gelassen. Niemand steht mir bei, wenn es darum geht, diesen Dingen die Stirn zu bieten. Eine Freundin hat während der Geiselnahme die Nachrichten auf Video aufgezeichnet, und ich sehe sie mir wieder an, bis ich die Stellungnahmen dieser »Spezialisten« für Geiselnahmen und Attentate finde. Ich halte das Bild an. Notiere mir ihre Namen und den des Krankenhauses, suche die Namen in den Branchenseiten des Telefonbuches und rufe sie an. Sie verstehen sehr schnell, in welcher Verfassung ich bin und wie man mir helfen kann. Sie versuchen, mich zu beruhigen: Nein, ich werde nicht wahnsinnig werden. Alle meine Symptome seien ganz normal, und sie erklären mir, daß man nicht alleine mit diesem Zustand fertig werden könne. Sie helfen mir sehr. Eine medizinische Betreuung ist unerläßlich, ich kann das bestätigen ... Heute geht es mir besser, doch ich habe mich unwiderruflich verändert.

Es bleiben ein paar kleine, unauslöschliche Narben zurück. So fühle ich mich zum Beispiel jedesmal unbehaglich, wenn ich einen schwarzen Motorradhelm sehe. Wenn ich auf der Straße bin, fallen mir sehr schnell diejenigen Autos auf, deren Kennzeichen die Buchstaben H und B enthalten, den Beinamen, den der Geiselnehmer bei der Polizei hatte und der für *Human Bomb* steht. Sobald diese beiden Buchstaben irgendwo nebeneinander auftauchen, wird mein Blick gegen meinen Willen von ihnen angezogen. Auch unterlaufen mir »visuelle Fehler«: Wenn auf der Titelseite einer Zeitung ein Wort wie »orage« (Gewitter) auftaucht, dann lese ich darin sofort »otage« (Geisel). Erst wenn ich noch einmal genauer hinschaue, sehe ich, was wirklich dort geschrieben steht. Dann versuche ich Worte aus meiner Erinnerung zu verdrängen, die mir völlig ungerufen in den Sinn kommen.

Ich bin nicht die einzige, die unter den Nachwirkungen zu leiden hat. Die Geiselnahme hat auch um mich herum ihre Spuren hinterlassen. Alle, die mir nahestehen, haben auf die eine oder andere Weise etwas davon zurückbehalten. Auch meine Tochter Constance hat darunter gelitten. Damals war sie zwei Jahre alt und fast nie krank. Zwei Tage lang sah sie ihre Eltern nicht, hatte nur ihren Babysitter und ihre Großeltern bei sich und erlebte deren Ängste mit. Als alles vorüber war, holten wir sie am Samstag morgen wieder zu uns. Am selben Abend hatte sie zum ersten Mal in ihrem bisher kurzen Leben über 40 Grad Fieber. Ein Notkinderarzt kam sofort vorbei und hatte keine andere Erklärung als auch ich: Meine Tochter litt auf ihre Art und Weise unter den Ereignissen. Seit damals habe ich Constance immer wieder versichert, daß ich nicht mehr fortgehen werde; und trotzdem schläft sie nur noch ganz unruhig.

Die Rückkehr an die Schule

Nachdem ich eine Woche zu Hause geblieben bin, mache ich mich wieder auf den Weg zur Arbeit, nehme die Metro, den Bus. Ich fürchte mich davor, wieder dorthin zurückzukehren. Im Grunde wäre es mir lieb gewesen, wenn ich hätte fortbleiben können. Ich habe furchtbare Angst, aber alle anderen sind davon überzeugt, daß es der richtige Weg ist, mir meine schrecklichen Erinnerungen auszutreiben, und am Ende bin ich selbst davon überzeugt. Also gehe ich wieder dorthin, und der Tod beherrscht meine Gedanken. Die Vertretung, die sich während meiner Abwesenheit um die Kinder gekümmert hat, ist noch da. Die Schulleitung hat vorgeschlagen, daß sie einen ganzen Monat lang in der Klasse bleibt, und ich nehme den Vorschlag erleichtert an. So sind wir zu zweit, um uns um die Kleinen zu kümmern.

Das Zimmer ist immer noch da, am Ende des Flures. Die Tür, die auf den Hof führt, steht offen, und die Kinder betreten das Zimmer in Begleitung ihrer Eltern. Die Wände sind alle neu gestrichen worden, und ein ganzer Teil meiner Sachen und der der Kinder ist verschwunden. Außer den Möbeln ist fast alles, was sich in dem Zimmer befand, weggeworfen worden: die Zeichnungen, die Farben, der Klebstoff, die Bastelsachen und darüber hinaus auch die Bücher, die Stifte, die Kleider der Kinder, Schuhe, Sachen zum Wechseln. Statt dessen stehen überall Blumen.

Ich weiß nicht, was ich meinen Schützlingen sagen soll. Niemand hat mich darauf vorbereitet. Wie soll ich reagieren? Soll ich mit ihnen »darüber« reden? Ich entschließe mich, keine großartige Erklärung abzugeben, und so sind sie es, die zuerst davon reden. Allerdings nicht besonders viel. Statt dessen zeichnen sie eine Menge. Bilder, in denen man viel Schwarz sieht, und auch Geschichten, in denen Pistolen vorkommen. Sie haben keinen übertriebenen Hang zur Dramatik, sie verarbeiten nur ihre Erinnerungen. Ich bin überglücklich, die sechs kleinen Mädchen wiederzusehen, und platze fast vor Zärtlichkeit für sie. Wir sind glücklich, wieder beisammenzusein, aber meine Arbeit ist mir völlig gleichgültig. So gut es eben geht bringe ich die Tage hinter mich. Alles ruft die Erinnerung an die Geiselnahme in mir wach. Ich verteile die Plätzchen und schon taucht vor meinen Augen das Bild auf, wie die Kinder sie vor einigen Tagen hinuntergeschlungen und zerbröselt haben. Ich singe dieselben kleinen Lieder, erzähle dieselben Geschichten, aber ich nehme sie anders wahr, überall spricht unser eigenes Unglück aus ihnen.

Das Schwierigste ist die Stunde der Mittagsruhe, als die Vorhänge geschlossen sind und ich mich mit den Kindern im Halbdunkel wiederfinde. Da fängt alles von vorne an. Ich habe den Eindruck, den Alptraum noch einmal zu erleben, und ich sehe den Mann vor mir, wie er in seiner Ecke sitzt. Ich sehe seine schwarze Maske, höre den Klang seiner Stimme. Dann sehe ich ihn tot vor mir, den Kopf in einer Blutlache. Ich habe mich niemals an dieses Bild gewöhnen können.

Sogar in der Schule selbst ist alles anders. Jeden Tag bekomme ich eine unglaubliche Menge von Post. Tausende von Briefen und Telegrammen, vor allem mit Glückwünschen. Kinderbriefe mit Bildern, Postkarten ohne Absender. Kurze Schreiben von bekannten Persönlichkeiten: von renommierten Journalisten, Gewerkschaftlern, ehemaligen Kriegsteilnehmern, die mit dem Kreuz der Ehrenlegion ausgezeichnet worden sind, Schauspielern, Sängern ... Auch Politiker sind zahlreich vertreten: der Präsident der Republik, der Premierminister, Minister im Amt, ehemalige Minister, Abgeordnete, Bürgermeister, Senatoren, deren Frauen ... Unzählige Kindergärtnerinnen schreiben mir aus dem Ausland, aus Stockholm und sogar aus Taiwan, wohin ich eingeladen werde, um an einer Schule von meinen Erlebnissen zu berichten.

Es gibt auch unangenehme Briefe, die ich lieber nie bekommen hätte. Briefe von Verrückten. Einige erklären, daß H. B. recht gehabt habe, uns als Geiseln zu nehmen, und schreiben, daß sie davon träumen, es ihm gleich zu tun, andere behaupten, daß ich seine Komplizin gewesen sei, oder bedrohen mich, erfinden irgendwelche Geschichten und erzählen mir in langen Briefen von den Ungerechtigkeiten, denen sie zum Opfer gefallen sind ... Und dann schicken mir noch viele Menschen Bitt- und Beschwerdebriefe; sie meinen, ich würde nun zu der Welt der Mächtigen gehören. Sie bitten mich, beim Präsident der Republik für ihr Anliegen einzutreten oder beim dafür zuständigen Minister – um zu erreichen, daß jemand ihr Kind beaufsichtigt, daß sie nach dem Brand ihres Hauses Schadensersatz bekommen, daß ihre Verluste und ihre Interessen berücksichtigt werden ...

Ich bin völlig überfordert und verblüfft über die Reaktionen, die die Tat des Geiselnehmers hervorruft. Das alles kommt mir unwirklich vor, wie eine Sinnestäuschung. Ich komme nur selten dazu, diese Post zu lesen, außer gelegentlich während der Mittagsruhe der Kinder; aber die Briefe sind so zahlreich, daß die täglichen zwei Stunden Mittagspause nicht ausreichen, um alle zu überfliegen. Von Zeit zu Zeit liest mein Mann sie für mich. Manchmal schreibe ich auch eine Antwort, wenn der Brief mich besonders berührt.

Ich bekomme auch eine ganze Menge an Gegenständen geschickt, Geschenke aller Art: Flaschen mit sehr gutem Wein, Champagner, Pastete, Gläser mit eingelegten Früchten, Pralinen, Stofftiere, Spielzeug, Medaillen aus verschiedenen Städten Frankreichs, Bücher, einen selbstgestrickten Pullover, eine bunte Schachtel aus einem Zoo, Buntstifte, Einladungen für den Zirkus, eine Goldmünze, in die der Name meiner Tochter graviert ist, und noch viele andere Dinge. Und dazu so viele Blumen, daß mein Klassenzimmer einer Gedenkstätte gleicht!

Die Briefträger vollbringen wahre Heldentaten, denn die Adressen auf den Briefumschlägen sind manchmal haarsträubend ungenau: »Institutrice Laurence Dreyfus, École maternelle, Neuilly, Frankreich«, und die Briefe kommen am Ende immer an. Die Direktorin hat mir ein kleines Handwägelchen zur Verfügung gestellt, damit ich jeden Morgen die Post zu meinem Klassenzimmer transportieren kann.

Während dieser ganzen Zeit werde ich auch ständig zu irgendwelchen Veranstaltungen eingeladen. Eine bekannte Kindermodenfirma verspricht mir eine kostenlose Garderobe für Constance, wenn ich bei der Vorstellung ihrer neuen Kollektion auf der Bühne anwesend sein werde. Ich könnte auch als Ehrengast einer karitativen Vereinigung mit meiner kleinen Familie nach London fliegen. Schließlich – damit ich mich von den »schrecklichen Ereignissen« erholen kann – bietet uns eine Werbeagentur an, alle Kosten einer Reise zu unserem Traumziel zu übernehmen. Als Gegenleistung wollen sie eine einwöchige Photosession zum Thema: »Das Glück der Kindergärtnerin unter der Kokospalme nach der Hölle von Neuilly.« Ein amerikanischer Produzent und deutsche Fernsehsender haben mir große Geldsummen geboten, wenn ich ihnen meine Geschichte überlasse. Zu alldem habe ich nein gesagt.

Während meiner Abwesenheit hat ein Kind seinen Geburtstag in der Klasse gefeiert. Die Mutter des Kleinen hatte um die Erlaubnis gebeten, einige Photos machen zu dürfen, und meine Vertretung gestattete es ihr. Eine Woche später werden die Photos von der Feier in einer Wochenzeitung mit großer Auflage veröffentlicht. Auf ihnen sind alle Kinder meiner Klasse zu sehen. Dieses Mal sind die Eltern richtig wütend und schimpfen auf die dafür verantwortliche Mutter. Sie beschuldigen sie, mit ihren Kindern Geld machen zu wollen. Die Atmosphäre ist merkwürdig. Die Geiselnahme hat die Familien eng zusammengeschweißt. Einige sind sich nähergekommen, haben sich gut verstanden und treffen sich noch heute. Andere haben sich selbst aus dieser Gemeinschaft ausgeschlossen. Der größte Teil der Eltern war den Medien gegenüber sehr mißtrauisch eingestellt und wollte nicht, daß Bilder von ihren Kindern in der Presse veröffentlicht wurden. Sie haben auf die zahlreichen Anfragen von Journalisten nicht reagiert.

Ich habe die Mutter, die die Photos gemacht hat, noch einmal gesehen; die anderen Eltern ließen sie ihre Verachtung spüren, und sie war gekommen, um mir zu sagen, wie leid es ihr tue, diese Bilder »weggegeben« oder »verkauft« zu haben (ich weiß nicht mehr, was genau sie gesagt hat). Sie weinte und erklärte, daß sie sich über die Konsequenzen nicht im klaren gewesen sei, daß »sie« unglaublich hartnäckig gewesen seien und daß sie am Ende schließlich nachgegeben habe, weil »sie« sehr überzeugend gewesen seien ...

Der Prozeß

Jeden Tag postieren sich Photographen vor dem Eingang der Schule. Sie wissen, daß ich nicht photographiert werden will. Sie warten trotzdem, lauern mir auf, um ihre Bilder zu machen, gegen meinen Willen. Ich finde verschiedene Mittel und Wege, ihnen aus dem Weg zu gehen. Zuerst holen mich Kolleginnen von der Bushaltestelle ab, um zu verhindern, daß ich zu Fuß ankomme und mit Fragen bestürmt werde. Dann betreten wir das Gebäude unauffällig durch den Hintereingang, an dem die Reporter nicht auf mich warten. Schließlich gehe ich während der Pause nur noch selten auf den Hof, einige von den Grundschullehrern haben Männer entdeckt, die mit Teleobjektiven ausgerüstet sind.

Die Schule verhält sich sehr solidarisch mir gegenüber. Meine Kollegen haben genug von dieser Geschichte. Sie verstehen, daß ich nicht zu der werden will, die man in der Presse aus mir gemacht hat, noch mich mitreißen lassen will von diesem Medienrummel, der einem die Illusion von Ruhm vorgaukelt. Die Ängste, die ich seit der Geiselnahme durchstehen muß, setzen mir genügend zu, so daß ich mich jetzt nicht auch noch auf diese kurzlebige Berühmtheit einlassen will. Abends verlasse ich die Schule oft viel später als die anderen.

An einem Nachmittag bietet mir eine Freundin an, mich im Auto nach Hause zu fahren. Wir werfen einen Blick aus dem Fenster. Die Straße ist leer die Kinder sind schon lange nach Hause gegangen. In aller Ruhe gehen wir zu ihrem Auto, das in einer Seitenstraße geparkt ist, als plötzlich aus dem Nichts ein Photograph vor uns auftaucht. Ohne es vorher vereinbart zu haben, laufen wir beide los und halten nicht inne, bis wir bei dem Wagen sind. Er verfolgt uns. Außer Atem durch die Anstrengung und voller Wut brüllen wir ihn an, er solle uns in Ruhe lassen. Der Lärm hat die Aufmerksamkeit einiger Passanten erregt und sie kommen näher, um herauszufinden, was der Mann von uns will. Wütend macht der Photograph auf dem Absatz kehrt und erklärt in rachsüchtigem Tonfall: »Na gut, aber wir werden dich auf jeden Fall kriegen!«

Niedergeschlagen kehre ich nach Hause zurück. Ich ertrage dieses ständige Auf-der-Hut-Sein und diese Treibjagd nicht mehr. Wann wird das alles vorüber sein, wann werden sie endlich müde werden? Am nächsten Morgen drückt mir jemand den *France-Soir* in die Hand. Auf dem Titelblatt entdecke ich ein Photo von mir, eine Aufnahme aus der Nähe der Schule, mit der Unterzeile: »Laurence, die mutige Kindergärtnerin, ist wieder zurückgekehrt [...]. Es ist 8.15 Uhr, sie ist auf dem Weg zur Schule [...], die Geiselnahme der Kinder ihrer Vorschulklasse ist nur noch eine ferne Erinnerung. Die junge Kindergärtnerin hat in aller Verschwiegenheit ihren Unterricht wiederaufgenommen, als ob nichts passiert wäre; unser Photograph hat als erster diesen Augenblick beherrschter Emotionen eingefangen.«[46]

Der Text ist heuchlerisch. Warum spricht die Zeitung von »ferner Erinnerung«, wenn dahinter doch nur die Absicht steckt, diese Erinnerung wieder wachzurufen, von »Verschwiegenheit«, wenn es nur darum geht, sie zu brechen, von »Emotionen«, wenn diese dadurch öffentlich mit Füßen getreten werden? Obendrein enthält der Artikel zwei Lügen: Dies ist überhaupt nicht der Tag, an dem ich zum ersten Mal wieder zur Schule gegangen bin. Und ich gehe auch nicht zur Schule, »als ob nichts passiert wäre«. Ich ertrage es nicht, wenn man darüber spekuliert, was sich in den Köpfen anderer Leute abspielt. Vor allem, wenn solch romanhafte Erfindungen derart weit entfernt sind von der Wirklichkeit.

Dieses eine Mal hat das Faß zum Überlaufen gebracht, ich kann nicht mehr. Ich verspüre den Drang, alles aufzugeben: die Schule, den Beruf und auch den ganzen Rest ... Ich möchte mir die Bettdecke über den Kopf ziehen und nie wieder darunter hervorkommen. Befreundete Rechtsanwälte raten mir, die Sache vor den Richter zu bringen. Die Zähne zu zeigen ist anscheinend eine sehr wirkungsvolle Methode, um sich bei einigen Medien Respekt zu verschaffen. So verklagen wir also mit Hilfe eines Anwalts *France-Soir* und gewinnen den Prozeß.

Gleichzeitig reichen wir auch Klage gegen *VSD* ein, die auf der Titelseite[47] ein Photo vom Anfang des Jahres zeigen, das bei einer Karnevalsfeier aufgenommen wurde. Man sieht mich mit meinen Schützlingen im Klassenzimmer. Ich weiß nicht, wie *VSD* an dieses Photo gekommen ist, aber ich gehe davon aus, daß es nicht in direktem Zusammenhang mit der Geiselnahme steht. Diesen Prozeß verlieren wir, denn das Gericht ist der Meinung, daß das Photo meine Privatsphäre nicht verletzt.

Ein kleiner Empfang

»Laurence, Matignon[48] ist am Telefon!« Ich vertraue die Kinder meiner Kollegin an und gehe in das Büro der Direktorin. Man lädt uns ein. Es wird ein »kleiner Empfang« organisiert, um allen »Akteuren des Dramas« zu danken. In erster Linie ist mir dies unangenehm. Ich schwärme nicht gerade für solche kleinen Feierlichkeiten, und außerdem habe ich keine Lust, diese ganzen schrecklichen Erinnerungen noch einmal zu durchleben. Wenn ich ehrlich bin, würde ich es vorziehen, nicht an dem Empfang teilzunehmen. Ich bin völlig unfreiwillig »Akteurin« gewesen, bin gegen meinen Willen zum Thema der Medien geworden, und jetzt träume ich davon, meinen Frieden wiederzufinden. Zu dem Zeitpunkt, als ich die Einladung bekomme, leide ich noch sehr unter alldem. Ich habe während dieser wenigen Tage eine solche Angst durchlitten, daß ich mich noch lange danach vor allem und jedem fürchte. Alle, die mich kennen, verstehen sehr gut, daß ich lieber zu Hause bleiben möchte, aber sie erklären mir, daß ich mich ein klein bißchen anstrengen müsse für diese kleine Feierlichkeit. Eine Ablehnung ist undenkbar. Das darf ich nicht einmal erwägen.

Nachdem ich immer wieder darüber nachgedacht habe, überzeuge ich mich selbst davon, daß es sich nur um ein einfaches Wiedersehen handelt. Schließlich ist es eine

Gelegenheit, die Menschen wiederzutreffen, denen ich nie hätte begegnen sollen, mit denen ich aber doch Augenblicke geteilt habe, die ich niemals vergessen werde. Ich werde sie vielleicht zum letzten Mal sehen.

Ein Empfang bedarf einer gründlichen Organisation. Mehrere Tage telefonieren wir regelmäßig mit dem Büro des Premierministers, um die zeremoniellen Details zu klären. Wir müssen eine Liste mit den Gästen erstellen. Das gesamte Personal der Schule ist eingeladen. Ich stelle fest, daß die Reinmachefrauen vergessen worden sind, und bestehe darauf, daß auch sie eingeladen werden. Auch habe ich das Recht, eine private Liste einzureichen. Also lade ich meine Familie und meine Freunde ein. Die Feuerwehrleute werden ebenfalls da sein, ebenso die SAMU, die Eltern der Kinder, das Personal des Rathauses ... Am betreffenden Tag wird ein speziell dafür angemieteter Bus vor der Schule bereitstehen, und diejenigen, die diese Mitfahrgelegenheit nutzen wollen, sollen rechtzeitig Bescheid geben.

Über den Ablauf des Empfangs werden wir jedoch nicht informiert. Wir wissen nichts darüber, was wir dort tun werden und wie lang es dauern wird. Im Prinzip, so sagt man uns, handele es sich nur darum, uns im Rahmen eines Buffets einen Dank auszusprechen.

Die Feierlichkeit findet statt am 27. Mai 1993, um 18.00 Uhr, nach der Arbeit. Meine Familie und ich begeben uns im Taxi dorthin. Wir haben alle unseren Personalausweis dabei. Heute weiß ich nicht mehr ganz genau, was passiert ist, nachdem wir einmal das Gitter der Einfahrt passiert hatten. Mein Gedächtnis hat diesen Augenblick fast vollständig verdrängt. Ich weiß nur noch, daß ich ganz allein den großen Hof des Matignon überqueren muß. Évelyne Lambert ist an meiner Seite. Etwas unbehaglich gehe ich in meinem blauen Kostüm auf die Freitreppe zu. Meine Familie befindet sich wahrscheinlich hinter mir. Ich erkenne einige der Eltern, Gesichter, an die ich mich nur mit Mühe erinnere, und eine ganze Reihe von Photographen, Kameraleuten und Journalisten. Ich hätte nicht gedacht, daß sie da sein würden. Man hatte mir nichts davon gesagt. Ich bin sehr überrascht, aber ich kann mich damit abfinden, denn ich verstehe, daß sie Bilder wollen, die sie bis jetzt noch nie bekommen haben. Sie machen nur ihre Arbeit. Es ist unangenehm, sich derart unter Beschuß zu fühlen, aber ich bemühe mich, heiter zu wirken, und beschleunige meine Schritte hin zur Freitreppe.

Von nun an bin ich in Sicherheit: Die Presse bleibt draußen, sie hat ihre Bilder bekommen und kann nun gehen. Als ich endlich im Inneren des Hôtel Matignon bin, weiß ich, daß das Schlimmste nun überstanden ist und daß der Empfang endlich beginnen wird, mit der ganzen Eleganz der großen Welt. Ich finde mich mit anderen Menschen in einem Raum wieder. Nicolas Sarkozy kommt lächelnd auf mich zu, ich reiche ihm die Hand, und er umarmt mich. Ich bin die Naive vom Dienst, fühle mich linkisch. Männer in Uniform, reich geschmückt mit Orden, Frauen im Sonntagsstaat, andere Männer und weitere Frauen eilen herbei, um mich zu begrüßen und mir die Hand zu schütteln. Es kommt mir vor wie ein langes Defilee, als ob ich eine Parade abnehmen würde. Die meisten nennen mich Laurence, alle scheinen mich zu kennen, obwohl ich ihnen niemals zuvor begegnet bin. Niemand stellt sich mir vor, es scheint alles ganz selbstverständlich zu sein.

Ich fühle mich zunehmend ungeschickt, verlegen und machtlos gegenüber dem Ablauf einer bis ins letzte Detail geplanten Inszenierung, von der man mich vorher nicht unterrichtet hat. Ich beeile mich, wieder zu meiner Familie zu kommen. Zusammen durchqueren wir Flure und Salons, bis wir in einen großen Saal gelangen, in dem wir uns wieder den Journalisten gegenübersehen. Es sind dieselben, die vorher schon da waren, und zu meinem großen Schrecken verstehe ich jetzt, daß sie die Erlaubnis erhalten haben, an unserem Wiedersehen teilzunehmen. Ohne unser Wissen. Ich fühle mich hintergangen, politisch ausgenutzt von Menschen, die sich mein Ansehen als »mutige Kindergärtnerin« zunutze machen wollen, um ihr eigenes aufzuwerten. Mir fallen ein erhöhtes Podium und Mikrophone ins Auge. In gewisser Hinsicht ist das hier eine Falle, und ich, ich bin die kleine Maus, der vorher niemand etwas davon gesagt hat.

Ich finde mich zwischen Catherine Ferraci, der Ärztin der SAMU, und Évelyne Lambert auf dem Podium wieder. Édouard Balladur[49] kommt auf die Bühne und schüttelt uns die Hand. Alle lächeln verkrampft. Große Scheinwerfer flammen auf und richten sich auf uns. Ich bin vollständig geblendet von diesem hellen, künstlichen Licht, ich sehe nichts mehr von den Menschen, die mir gegenüber stehen. Ich fühle mich, als ob ich in aller Öffentlichkeit ausgezogen werde. Das Leben einer Akteurin ist hart. Der Premierminister beginnt mit der Verlesung eines Textes, der sich an jeden von uns richtet. Seine Rede ist sehr lang, und es wird unter den Bühnenscheinwerfern furchtbar heiß. Auch Évelyne und Catherine leiden unter der Hitze. Der Premierminister spricht zuallererst von mir. Das ist nur natürlich, ich bin die größte Attraktion, bin die »mutige Kindergärtnerin«. Ich übe einen so wunderbaren Beruf aus, und ich war ihm gewachsen (ich weiß leider nicht mehr, wem oder was ich gewachsen war).

Als seine Rede endlich vorüber ist, stellt der Premierminister mich seiner Frau vor und lädt mich zum Buffet ein. Aber am Ende werde ich noch nicht einmal die Farbe der Petits fours gesehen haben. Man nimmt doch wirklich das rote Seil weg, das uns bis jetzt intelligenterweise vor der Presse beschützt hat, und nach wenigen Sekunden werde ich vom Strom der Journalisten erfaßt, bin eingekeilt inmitten ihrer Kameras und ihrer Mikrophone. Sie rempeln mich an, werfen mich fast um, drängen sich um mich und machen sich gegenseitig den Platz streitig. Die Mikrophone sind direkt vor meinem Gesicht, einige so nah, daß sie meinen Mund berühren. All das macht es mir unmöglich, Gesichter zu erkennen. Die Brutalität, mit der sie vorgehen, ist ungeheuerlich. Sie wollen, daß ich zu ihnen spreche, wollen, daß die »mutige Kindergärtnerin« einige den Umständen angemessene Worte sagt, genau die Sätze, die sie erwarten und die sie schon im voraus kennen. Ihr Pech, und am Ende auch mein Pech, daß ich dickköpfig bin und den Gehorsam verweigere. Die Art und Weise, wie sie mich behandeln, ist unerträglich, und so bin ich nicht bereit, das Spiel mitzuspielen, sie werden nicht über meine Lippen kommen, diese idealen Sätze, die alle zufrieden stellen würden und die die »bewegenden« Reportagen über eine vorbildliche Frau so bereichern würden. Ein Journalist, den mein Verhalten wohl ärgert, schnauzt mich an: »Wenn Ihnen das nicht paßt, hätten sie nicht kommen sollen!« Ich antworte ihm nicht, aber ich weiß, daß er recht hat. Eine Journalistin fragt mich, ob ich eine »außergewöhnliche Frau« sei. Weiß sie um die Unsinnigkeit ihrer Frage? Wütend antworte ich ihr schließlich, daß das in keinster Weise der Fall sei. Ich bin nur eine Kindergärtnerin, und ich gehe meinem Beruf nach. »Ich habe getan, was ich tun mußte, und kein einziger meiner Kollegen wäre aus dem Klassenzimmer gegangen und hätte Dreijährige im Stich gelassen.«[50] Das ist alles, was ich sage. Alle nehmen diesen Satz auf, notieren ihn und scheinen dann einzusehen, daß ich nichts mehr sagen werde. Sie scheinen zufriedengestellt zu sein und verschwinden alle auf einmal. Das Gespräch war kurz und aggressiv. Nein, unter derart schlechten Bedingungen ist wirklich kein Dialog möglich.

DRAUSSEN

Was man sich von dem Empfang erzählt

»Mit einem Lächeln auf den Lippen und frohen Mutes erschien Laurence Dreyfus heute abend unter den Kronleuchtern von Matignon, um zusammen mit Évelyne Lambert und Catherine Ferraci den Dank der französischen Regierung entgegenzunehmen. Sie traf dort alle anderen Akteure des Dramas wieder und lauschte gerührt den Dankesworten Édouard Balladurs. [...] Später, entspannt, aber immer noch bescheiden, sprach Laurence bereitwillig über die schrecklichsten sechsundvierzig Stunden ihres Lebens [...].«[50]

DRINNEN

Das Protokoll des Élysée

Cohabitation[52] verpflichtet: Dieses Mal ist es das Élysée, das einlädt. Der Präsident der Republik wird uns, Catherine, Évelyne und mir, den Orden der Ehrenlegion verleihen. Andere wären vielleicht glücklich über diese Nachricht, ich bin es nicht. So bin ich eben, man ändert sich nicht mehr groß, wenn man Ende dreißig ist. Ich finde keinen Geschmack an Hierarchien. Als ich von der Neuigkeit erfahre, bin ich zuerst einmal fassungslos: O nein, das kann nicht wahr sein, doch nicht die Ehrenlegion! Aber meine Familie bleibt standhaft: Eine Ablehnung kommt nicht in Frage. Ich bin nicht Sartre, der sich eine Ablehnung erlauben konnte. Manchmal wird der soziale Druck so groß, daß man sicher ist, nicht anders handeln zu können, und außerdem ... ich habe nichts von einer Rebellin an mir. Die bescheidene Kindergärtnerin, die ich bin, muß sich geehrt fühlen von dieser Auszeichnung. Vollstreckung! Die Zeremonie findet statt am 13. Juli 1993.

Im Gegensatz zu dem Empfang im Matignon habe ich nichts zu organisieren. Statt dessen bin ich für alles gerüstet. So wie ich mich an die Idee des Ordens gewöhne, so versuche ich mich auch damit abzufinden, der Presse wieder gegenübertreten zu müssen. Ich habe meine Naivität verloren, dieses Mal wird sie mit Sicherheit dabeisein. Die Szene vom Matignon wird sich wiederholen: Die Journalisten werden sich um mich scharen, werden mich mit Fragen bestürmen, eine voraussagbarer als die andere, und sie werden wieder mit dem traurigen Spiel erzwungener Interviews beginnen. In den Tagen vor der Zeremonie schlafe ich schlecht. Trotzdem gelingt es mir nach und nach, mich davon zu überzeugen, daß mir diese Dinge zutiefst gleichgültig geworden sind. Ich sage mir, daß, was auch immer passieren mag, ich mich weder beeindrucken noch aus der Fassung bringen lassen werde; ich werde nach außen hin eine offensichtliche Heiterkeit vortäuschen, die Haltung der »mutigen Kindergärtnerin«, glücklich, unbeschwert und sorglos, für die die Geiselnahme nichts ist als eine üble Erinnerung, die sie aber schon fast wieder vergessen hat.

Der 13. Juli ist schneller da, als ich es mir gewünscht hätte. Mit dem Wagen fahren wir in den Innenhof des Élysée. Ich sehe alle diejenigen wieder, die während der Geiselnahme mit mir in der Schule waren: Eltern, Kollegen, Verwandte und Freunde, Évelyne, Catherine ...

Die Bedeutung, die dem Protokoll hier beigemessen wird, beeindruckt mich von Anfang an. Nichts ist dem Zufall überlassen worden. Wir werden zuerst umgruppiert, dann fordert uns ein Amtsdiener auf, die Stufen zu einem riesigen Saal hinaufzusteigen, einem Saal, der mehrere hundert Quadratmeter groß sein muß, mit einer sehr hohen Decke, goldenen Verzierungen, großen Kronleuchtern und luxuriösen Teppichen. Neugierig betrachte ich den republikanischen Prunk. Der Protokollchef stellt uns nebeneinander in der Mitte des Raumes auf, die anderen Gäste und die Journalisten – die ich von weitem wahrnehme – werden gebeten, einige Meter hinter uns oder an der Seite Aufstellung zu nehmen, hinter einer roten Kordel.

Dann warten wir alle, lange. Es scheint, daß der Präsident diese Taktik anwendet[53], um die Spannung zu heben. Wir stehen die ganze Zeit, ich werde müde, bin beunruhigt. Da verkündet der Protokollchef: *»Monsieur le Président de la République.«* Alle richten sich auf und erstarren. François Mitterand erscheint am anderen Ende des Raumes und durchquert ihn völlig unbekümmert, als ob er ganz allein von einem kleinen Spaziergang durch die Stadt zurückkäme. Es scheint ihm ein stilles Vergnügen zu bereiten, wenn er sieht, welche fiebrige Erregung die offizielle Zeremonie bei seinen anwesenden Mitbürgern auslöst. Er hält eine kurze Rede, in der er uns mitteilt, daß wir drei wirklich großartige Mädchen seien und kommt dann näher, um uns unsere Orden zu überreichen. Natürlich fängt er bei der Kindergärtnerin an.

Er geht auf mich zu. Was für eine Selbstbeherrschung! Ich, die ich doch so schüchtern bin, beobachte seine Kaltblütigkeit, seine Ruhe und das innerliche Frohlocken, das diese Zeremonie bei ihm hervorzurufen scheint. Er umarmt mich und versucht dann, mir die Medaille anzustekken. Er hat Schwierigkeiten, sie zu befestigen, denn die Nadel ist sehr dick. Er flüstert mir zu: »Ich hoffe, ich werde diese schöne Bluse nicht beschädigen.« Das ist mit Sicherheit seine übliche Bemerkung zu den Frauen, die er auszeichnet, aber, siehe da, ich werde rot und lächle ihn an. Schließlich gelingt es ihm, die Medaille anzustecken, und er wendet sich meinen Begleiterinnen zu.

Dann fordern die Photographen den Präsidenten auf, für einige Aufnahmen zu posieren. Amüsiert antwortet er ihnen: »Aber Sie haben doch schon jede Menge Bilder!« Die Journalisten bleiben hartnäckig: »Bilder, Präsident, Bilder!« Man könnte meinen, daß das Ganze eine Art spielerisches Ritual ist, das zwischen den Photographen und ihren Opfern wiederholt werden muß. Also stellt sich der Präsident zwischen uns drei. Im selben Moment verläßt Édouard seinen Platz und gleitet unauffällig an unsere Seite, um auch auf den Bildern aufzutauchen. Als er ihn kommen sieht, lächelt der Präsident und sagt – deutlich genug, um von allen gehört zu werden –: »Jetzt ist die Familie komplett!« Der ganze Saal bricht in Gelächter aus.

Die Blitzlichter blenden uns, ich bemühe mich zu lächeln, und dabei weiß ich, daß mir das Schwierigste noch bevorsteht: Die Presse wartet auf mich. Sie ist brav hinter der roten Kordel geblieben, aber sobald diese fortgenommen werden wird, werden die Reporter meine ersten Eindrücke über die Auszeichnung »auffangen« wollen. Ein Journalist ruft mir von weitem zu: »Und, glücklich?« Ich betrachte ihn fassungslos und antworte nicht.

Danièle Mitterand geleitet uns alle drei zum Buffet, die anderen Gäste folgen. Jetzt kommt sicher der Ansturm der Fragen, das Verhör nach allen Regeln der Kunst. In diesem Augenblick habe ich wirklich Angst. Doch zu meiner großen Überraschung schließen die Amtsdiener die Türen vor der Masse der Reporter, denen es nicht erlaubt ist, am zweiten, sehr viel familiäreren Teil der Zeremonie teilzunehmen. Ich kann es nicht glauben und beeile mich, zu meiner Familie und meinen Freunden zu kommen. Und so finde ich mich wieder mit einem Glas in der Hand, einem Petit four im Mund, und fast fühle ich mich richtig wohl. Mir ist eine angeregte Diskussion mit Simone Veil in Erinnerung geblieben, die ziemlich stolz zu sein schien: Endlich war der Orden der Ehrenlegion einmal drei jungen Frauen verliehen worden. Sie schien es ernst zu meinen.

Wir verlassen das Élysée am frühen Abend, ich nehme den Orden ab und verstaue ihn in seiner Schachtel, die seitdem ihre Schublade nicht mehr verlassen hat. Am 14. Juli bin ich zum Gartenfest des Élysée eingeladen, doch dieses Mal beschließe ich, nicht hinzugehen.

Ich habe niemals von einem Wolfsjäger gesprochen

Die Geiselnahme ist praktisch schon ein alter Hut. Vor allem für die anderen. Diejenigen, die sie wie ich hautnah miterlebt haben, werden sie sicher niemals vergessen. Am Anfang habe ich darum gekämpft zu vergessen. Vergessen um jeden Preis. Heute weiß ich, daß der Kampf vergeblich war; diese Geschichte wird mich immer begleiten, ich muß nur lernen, mit ihr zu leben.

Jede Geisel muß ihre eigenen Seelenqualen durchstehen. Oft habe ich bei der Lektüre anderer Berichte eine Ähnlichkeit mit meinen Gedanken festgestellt. Ich habe Glück im Unglück gehabt, nicht das durchmachen zu müssen, was andere durchgemacht haben, aber auch mir ist eine Art von seelischer Grausamkeit widerfahren, die sich nicht mehr auslöschen läßt. Jeden Tag, den ich lebe, erinnere ich mich – und sei es auch nur für einen kurzen Moment – an diese drei Tage des Wahnsinns. Und seltsamerweise weckt das bei mir eine Lebenskraft, von der ich nicht ahnte, das sie in mir steckt.

Sicher, es gibt auch Momente der Panik oder des Entsetzens, in denen mir die ganze Welt Angst einjagt und in denen mir die Allgegenwart des Todes wieder bewußt wird. Manchmal rufen mir Dinge, die von anderen gegen meinen Willen inszeniert werden, auf brutale Art und Weise die Erinnerung und den Schmerz der durchlittenen Augenblicke wieder ins Gedächtnis zurück. Wie zum Beispiel in dieser Woche Ende August 1994, kurz vor dem neuen Schuljahr, in dem ich an einer neuen Schule anfangen sollte, in einer Zeit, die sehr schwierig für mich war. Schwierig für mich, aber auch schwierig für die anderen, die mich zu kennen glauben, ohne mich je gesehen zu haben, die sich ein Bild von mir machen, ohne je meine Stimme gehört zu haben. Für sie bin ich »die Kindergärtnerin von Neuilly«, die von der Geiselnahme – mit all den falschen Wesenszügen, die man mir angedichtet hat. Gegen den Willen der anderen und gegen meinen eigenen Willen kommt immer zuerst ein leichtes Unbehagen auf, das nach und nach abgelegt werden muß. Die Aufregung und Unruhe, die von der Heldin der Geiselnahme ausgeht, muß überwunden werden, um mir meinen legitimen Platz als Kindergärtnerin zugestehen zu können. Bevor man mir Vertrauen schenkt, stellt man mich auf die Probe, man beobachtet mich, will sich vergewissern, daß ich mir nichts auf das alles einbilde. Auch damit habe ich zu leben gelernt.

Wenige Tage vor dem Schulanfang blättere ich also in aller Ruhe in einer Zeitschrift, als ich auf einmal – und es trifft mich wie ein Schlag in den Magen – in fetten Buchstaben lese: »Der zweite Tod des H. B.« Ich mag solche Überraschungen nicht. Mir graut es vor solchen Situationen. *TF1* wird ein Fernsehspiel mit dem Titel *Chasseur de loups* (Wolfsjäger) ausstrahlen, in dem die Ereignisse der Geiselnahme nachgestellt werden. Sie nennen das ein »Dokudrama« und es scheint ganz großartig zu sein. Nur das grobe Gerüst der Geschichte bleibt gewahrt. Was die Hauptpersonen betrifft, so sind sie verändert worden, um die Privatsphäre der wirklichen Helden zu wahren. Was für eine hervorragende Idee, es sei ihnen gedankt. Ich lese, daß ich selbst den Anstoß für den Titel des Fernsehfilms gegeben habe, denn während der Geiselnahme hätte ich die brillante Idee gehabt, den Kindern zu erzählen, es handele sich nur um einen Wolfsjäger. Ach ja? Mal ehrlich, wie hätte ich so schlauen Mädchen eine derartig unglaubliche Lüge erzählen können? Sie hätten mir nie im Leben geglaubt! Sie wußten, daß der Mann gefährlich war, und obwohl sie das wußten, sind sie mutig gewesen.

Ich sehe, daß eine Schauspielerin den Part der Kindergärtnerin übernimmt. Es ist alles perfekt geplant. Der Produzent dieses Märchens, Pascale Breugnot, erklärt in aller Ruhe: »Vor der Ausstrahlung haben wir für diejenigen, die es gefordert haben, Vorführungen organisiert. Sie hatten die Möglichkeit, vor Gericht zu gehen und eine einstweilige Verfügung zu beantragen. Sie haben darauf verzichtet, also kann man davon ausgehen, daß sie den Film als angemessen, respektvoll und nicht zu reißerisch bewerteten.«[54] Zuerst einmal hätten die Betroffenen ja informiert werden müssen. Das ist nicht der Fall gewesen. Pascale Breugnot hat ganz einfach vergessen, mich und die anderen davon in Kenntnis zu setzen, daß ein Film ausgestrahlt werden würde, in dem wir die Hauptattraktionen sein würden. Wir haben niemals davon erfahren. Wir haben es völlig ahnungslos im Fernsehprogramm gelesen. Das ist nicht die feine Art; es ist vielmehr sehr unangenehm, wenn einem klar wird, daß einem schon wieder übel mitgespielt wird, daß sie einen ausnutzen.

Es bleibt nur eine Lösung: Sich vor seinen Fernseher zu setzen und sich den Fernsehfilm anzuschauen. Das ist es, was ich tat. Einige Tage vor der Ausstrahlung des *Chausseur des loups* war ich beunruhigt, schlief nachts nicht mehr; und dann war der Abend auf einmal da. Ich setzte mich vor meinen kleinen Bildschirm und wohnte dem Spektakel bei. Ich hätte nie gedacht, daß ich eines Tages vor einem Fernseher derart herzhaft lachen könnte! Die Kindergärtnerin, die mich darstellen sollte, war wirklich eine lustige Gestalt. Und dann dieser Geiselnehmer, fast charmant. Und der Bürgermeister, was für ein Mut! Und der Minister, so einfach und dabei so sympathisch! Und die Eltern, wie gefaßt sie waren! All das war wirklich eine einzige Idylle. Ich habe Tränen gelacht ...

Eine Geschichte ohne Ende

Gegen meinen Willen wurde ich zu einer »Person öffentlichen Interesses«. Anfangs sprachen mich Unbekannte auf der Straße an. Sie erkannten mich wieder, nachdem sie mich auf den Photos überall in der Presse gesehen hatten. Viele sprachen mich einfach nur an, um mir zu sagen: »Aber Sie sind doch die Kindergärtnerin von Neuilly!« Ein bißchen unbehaglich antwortete ich: »Ja, ich bin es.« Sie sahen mich an, und da sie sonst nichts hinzuzufügen hatten, gingen sie weiter. Zu dieser Zeit verließ ich die Wohnung sehr selten, hatte Angst vor solchen Situationen.

Ich erinnere mich an eine Szene in der Metro, die sich zur Hauptverkehrszeit abspielte: Eine Frau sitzt mir gegenüber. Plötzlich sieht sie mich an, und in ihren Augen erkenne ich den Moment, in dem ich meine Anonymität verliere, um mich in die »mutige Kindergärtnerin« zu verwandeln. Sie spricht mich an: »Sie sind nicht zufällig die Kindergärtnerin von dieser Geiselnahme?« Mehrere Menschen drehen sich um und beobachten mich voller Neugier, während ich ihre Frage bejahe. Dann senke ich verlegen den Kopf und gebe vor, mich in die Lektüre meiner Zeitung zu vertiefen. Einige Minuten später berührt die Frau meinen Arm und flüstert mir zu: »Es tut mir wirklich sehr leid, Sie belästigt zu haben, aber ich konnte mich einfach nicht zurückhalten.« Wir haben uns angelächelt, und dann ist sie ausgestiegen.

Ein anderes Mal bin ich in Roissy[55]. Zusammen mit meiner Tochter stehe ich in der Schlange an der Paßkontrolle. Als ich an der Reihe bin, halte ich dem Beamten meinen Personalausweis hin. Er schaut ihn sich an und fordert mich ohne weitere Erklärung auf, zur Seite zu treten und zu warten. Constance wird unruhig, meine Reisetasche ist schwer, und während alle anderen Passagiere problemlos die Kontrolle passieren, beginne ich mir wegen dieser langen Wartezeit Gedanken zu machen. Doch ich bin absolut sicher, daß meine Papiere in Ordnung sind. Ich warte und warte, und niemand kümmert sich um mich. Als alle anderen Passagiere vorbeigegangen sind, kommt der Zöllner hinter seinem Schalter hervor, geht weg und kehrt einige Minuten später in Begleitung zweier Kollegen zurück. Er fragt mich erneut nach meinen Papieren, ich zeige sie ihnen, und mit einem breiten Lächeln erklärt er mir, daß er sich nur habe versichern wollen, daß ich wirklich die Kindergärtnerin sei, die ...

Mit der Zeit haben die Menschen dann nach und nach meinen Namen und mein Gesicht vergessen. Heute kann ich die öffentlichen Verkehrsmittel benutzen, ohne daß damit unangenehme Situationen verbunden sind. Ich kann mit Freunden sprechen, spazierengehen und lachen, ohne erkannt zu werden. Ich habe mein Selbstvertrauen zurückgewonnen.

Von Zeit zu Zeit bittet mich die Presse, die heroische Persönlichkeit wiederauferstehen zu lassen, die so leicht als Vorbild herhalten kann. So haben mich zum Beispiel anläßlich des Jahrestages der Geiselnahme einige Journalisten darum gebeten, noch einmal davon zu berichten, zu erzählen.

Jeder Mensch kennt mindestens eine Kindergärtnerin. Was gibt es Gewöhnlicheres als eine Kindergärtnerin? Und was gibt es im Gegenzug Außergewöhnlicheres als eine Kindergärtnerin, die aus der Masse herausragt? Wie könnte man diese Person nicht als Vorbild sehen, die von einem Tag auf den anderen ganz einzigartig wird?

Die letzte Episode ereignete sich erst vor kurzer Zeit. Das war nach dem Attentat von Port-Royal, am 3. Dezember 1996. Évelyne Lambert, die mit mir die Geiselnahme durchgemacht hatte, war unter den ersten Ärzten, die sich um die Opfer der mörderischen Bombe kümmerten. Einige Journalisten erfuhren von ihrer Anwesenheit, aber in dem ganzen Durcheinander und der Panik wurde ihr Name zuerst mit meinem vermengt und dann mit ihm verwechselt. Ein Gerücht machte die Runde: Die Kindergärtnerin von Neuilly soll in dem Zug von Port-Royal gewesen sein ... Die Journalisten wollten die Information nachprüfen und riefen im Rektorat und bei meinem Mann an. Ja, meine Frau ist in der Vorschule von Neuilly als Geisel genommen worden. Nein, meine Frau war nicht in dem Zug, in dem eine Bombe explodiert ist. So sieht es aus, das Leben einer kleinen »öffentlichen Person«. Von Zeit zu Zeit taucht das Bild wieder auf und verschwindet dann wieder. Eine Geschichte ohne Ende ...

Anmerkungen

1 Neuilly ist ein Vorort von Paris. (Anm. d. Üs.)
2 Laurence Dreyfus ist keine Kindergärtnerin im eigentlichen Sinne, da das französische Schulsystem anders aufgebaut ist als das deutsche. Bei der *école maternelle*, an der Laurence Dreyfus arbeitet, handelt es sich um eine Art Vorschule, die die französischen Kinder auf freiwilliger Basis im Alter von drei bis sechs Jahren besuchen, und die – im Gegensatz zum deutschen Kindergarten – als Teil des Schulsystems gilt. Die dort angestellten Erzieherinnen – *institutrices* – durchlaufen die gleiche Ausbildung wie Grundschullehrerinnen. *Institutrice* wird jedoch im weiteren mit Kindergärtnerin übersetzt, da diese Bezeichnung der Rolle der französischen Erzieherin an der *école maternelle* wohl am nächsten kommt. (Anm. d. Üs.)
3 Ca. 30 Millionen DM. (Anm. d. Üs.)
4 Am 8. Mai 1993 – fünf Tage vor der hier geschilderten Geiselnahme – ereignete sich eine Explosion in einem Parkhaus in Neuilly-sur-Seine. Die Untersuchungsbeamten fanden vor Ort einen Bekennerbrief, der mit den Initialen H. B. unterzeichnet war und für die nächsten Tage »eine Operation größeren Ausmaßes« ankündigte.
5 Einer der ersten vom Geiselnehmer verfaßten Texte.
6 *Recherche d'assistance, d'intervention et de dissuasion.* Die RAID ist eine Eliteeinheit der französischen Polizei, die auf derartige Einsätze spezialisiert ist. (Anm. d. Üs.)
7 Französischer Nachrichtensender. (Anm. d. Üs.)
8 Neben den erfahrenen Reportern waren bei der Geiselnahme in Neuilly auch junge Journalisten dabei, für die das Ereignis ihre »erste große Geschichte« darstellte.
9 *France 3*, 12.45 Uhr, 13.05.1993.
10 *TF1*, 13.00 Uhr, 13.05.1993.
11 *France 2*, 13.00 Uhr, 13.05.1993.
12 *France 3*, 19.10-19.30 Uhr, 13.05.1993.
13 Bewegung gegen den Rassismus und für die Freundschaft unter den Völkern. (Anm. d. Üs.)

14 *Le Monde*, 20.05.1993.
15 Anweisungen des Geiselnehmers.
16 In Frankreich sind im Gegensatz zu Deutschland Ämterhäufungen erlaubt und durchaus üblich. (Anm. d. Üs.)
17 *Service d'Aide médicale urgente* (Dienststelle für dringende ärztliche Hilfeleistung). (Anm. d. Üs.)
18 Um die Kinder zu schützen, wurden die Vornamen verändert.
19 Die Pariser Feuerwehr ist militärisch organisiert und nimmt auch polizeiliche Aufgaben wahr. (Anm. d. Üs.)
20 Patrick Poivre d'Arvor; Moderator der Nachrichten von *TF1*. (Anm. d. Üs.)
21 H. B. steht für *Human Bomb*, menschliche Bombe. (Anm. der Üs.)
22 *TF1*, 20.00 Uhr, 13.05.1993.
23 *France 2*, 20.00 Uhr, 13.05.1993.
24 Institut universitaire de formation des maîtres (Universitäre Einrichtung zur Ausbildung von Grundschul- und Vorschullehrern).
25 *France 3*, 19.30 Uhr, 14.05.1993.
26 *France 2*, 1.00 Uhr, 14.05.1993.
27 *Le Parisien*, 14.05.1993: »Die Kindergärtnerin ist außergewöhnlich«. *Libération*, 15.05.1993: »Ohne sie wären die Kleinen zusammengebrochen«. *France-Soir*, 15.05.1993: »Laurence Dreyfus, die mutige Kindergärtnerin«. *Le Parisien*, 15.05.1993: »Die heldenhafte Kindergärtnerin.«
28 *TF1*, 20.00 Uhr, 14.05.1993.
29 *TF1*, 13.00 Uhr, 14.05.1993.
30 *France 2*, 20.00 Uhr, 14.05.1993.
31 *France 3*, 12.45 Uhr, 14.05.1993.
32 *France 2*, 15.05.1993.
33 *TF1*, 15.05.1993.
34 *France 3*, 12.45 Uhr, 15.05.1993.
35 *TF1*, 13.00 Uhr, 15.05.1993.
36 *France 2*, 20.00 Uhr, 15.05.1993.
37 Kritisch-satirische französische Wochenzeitung, die sich der Aufdeckung und Kommentierung von Skandalen widmet. (Anm. d. Üs.)
38 *Le Canard enchaîné*, 26.05.1993 und 02.06.1993.
39 Seitdem haben die Dinge sich verändert, vor allem dank der Vereinigungen zur Unterstützung von Opfern.
40 Pariser Boulevardzeitung. (Anm. d. Üs.)
41 *Paris-Match*, 27.05.93.
42 *Paris-Match*, 03.06.93.
43 *Paris-Match*, 27.05.93, S. 70.

44 Béatrice Patrie und Alain Vogelweith, *La Mort hors la loi d'Erick Schmitt* (Der widerrechtliche Tod des Erick Schmitt), Austral, Mai 1994.
45 *Libération*, 26.09.1994.
46 *France-Soir*, 11.06.1993.
47 *VSD*, 11.06.1993.
48 Sitz des Premierministers der Französische Republik (Anm. d. Üs.)
49 Der damalige französische Premierminister. (Anm. d. Üs.)
50 *TF1*, 20.00 Uhr, 27.05.1993.
51 Bezeichnung der durch den unterschiedlichen Wahlrhythmus erzwungenen Zusammenarbeit eines Präsidenten und eines Premierministers. (Anm. d. Üs.)
52 Sitz des Präsidenten der Französischen Republik. (Anm. d. Üs.)
53 Laure Adler, *L'Année des adieux*, Flammarion, 1996.
54 *Le Nouvel Observateur*, 10.10.1994.
55 Einer der Pariser Flughäfen. (Anm. d. Üs.)

Band 61402

Béatrice Saubin

Die Mauern der Freiheit

Zehn lange Jahre verbringt Béatrice in malaiischer Haft, bevor sie im Oktober 1990 nach Frankreich zurückkehren darf. Doch im Gefängnis hat sie verlernt, was es heißt, in Freiheit zu leben. Angesichts ihrer Freilassung empfindet sie kein Glücksgefühl, so wie es von ihr allgemein erwartet wird. Alles ist ihr fremd geworden: ihre Heimat, ihre Freunde, ihre Verwandten, ja sogar ihr eigener Körper.

Erst als sie den Entschluß faßt, ihre Erlebnisse aufzuschreiben, beginnt auch ihre Seele zu heilen, eine Seele, die fast zerbrochen wäre. Béatrice erkennt, daß es die Mauern in ihrem Kopf und in ihrem Herzen sind, die sie niederreißen muß, bevor sie wirklich frei sein kann, bevor sie ihren Platz im ganz normalen Alltag finden wird ...

BASTEI LÜBBE